문

목차

제2부 경계와 빗금을 응시하는

저자 소개

김 시 아

문학/문화평론가. 파리 3대학 문학박사. 대학에서 문학과 '그림책의 이해'를
가르치고 연구하며, 『기계일까 동물일까』『아델라이드』『에밀리와 괴물이빨』『세
상에서 가장 귀한 화물』등을 번역함.

김 희 경

한국경제신문 문화부 기자. 한국예술종합학교 연극원 겸임교수. 공연·콘텐츠
산업과 트렌드를 연구하며 작품 비평에 관심을 두고 있음.

류 수 연

문학평론가. 문화평론가. 인하대학교 프런티어학부대학 조교수. 인천문화재
단 이사. 계간 『창작과비평』 신인평론상을 수상하며 등단. '대중'을 키워드로 한국문
학과 문화를 연구하고 있음.

문 선 영

한국산업기술대학교 지식융합학부 조교수. 라디오부터 텔레비전까지 한국 방송극 전반을 연구하며 특히 한국 방송극의 장르 문화와 형성에 관심을 두고 있음.

서 곡 숙

문화평론가, 영화평론가. 비채 문화산업연구소 대표, 세종대학교 겸임교수, 국제영화비평가연맹 한국본부 사무총장, 서울영상진흥위원회 위원장. 다큐멘터리, 로맨스웹툰에 관심.

안 치 용

ESG연구소 소장 겸 지속가능저널 발행인. 영화평론가. 경영학 박사. 지구, 인류, 사회, 그리고 인간의 지속가능성과 사회책임 의제에 관심을 기울이며 개인적으로 문학·신학·영화를 공부하고 있음.

양 근 애

명지대 문예창작학과 조교수. 극작, 드라마터그, 평론을 병행하며 드라마에 대한 글을 쓰고 공연에 참여하고 있음. 기억/역사의 빗금과 문화의 정치적 수행성에 관심을 두고 있음.

이 병 국

시인, 문학평론가, 그 외 이런저런 알바生. 시집 「이곳의 안녕」이 있음. 제4회 내일의 한국작가상 수상. 동시대 한국인이 쓴 시와 소설 읽는 걸 좋아함.

이 주 라

원광대 문예창작학과 조교수. 한국 대중문화의 역사적 흐름과 그 속에 나타나는 대중의 욕망에 대한 연구를 주로 함. 국내외를 막론하고 드라마를 자주 보며, 특히 로맨스를 좋아함.

이 혜 진

대중음악평론가, 세명대 교양대학 부교수. 2013년 인천문화재단 플랫폼 음악비평상 당선. 현재 동아시아 문학을 연구하고 있으며 SF 및 미래의 사회적 문제들에 대해 관심을 두고 있음.

장 윤 미

소설가, 문화 평론가. 네이버 〈연애&결혼〉 연재. 정신분석학과 관련하여 '문제적 인간'에게 애정과 관심이 지대하고, 이들에 대해 치밀하게 분석하는 것을 즐겨함.

최 양 국

격파트너스 대표 겸 경제산업기업 연구 협동조합 이사장. 인문학적 융합을 통한 지역 역량 진화 및 미래, 전통과 예술에 관심을 두고 있음.

서문

문화, 정상은 없다

    코로나19는 우리 삶의 양상을 빠르게 바꾸어놓았다. 2년여의 팬데믹 상황을 거치면서 우리는 기존 삶의 본질과 함께 우리를 둘러싼 사회적 환경이 급격히 변화되는 양상을 경험하고 있다. 특히 비대면 중심의 디지털화된 생활 방식의 변화는 사회적으로 차등 제공되는 정보의 격차를 실감하게 하였으며 이는 다시 사회적 불평등을 심화하는 계기로 작동하고 있다는 사실을 알게 되었다. 그런 점에서 코로나19가 우리에게 드러내 보여준 것은 전 세계적 재난이 단지 바이러스와 같은 외부의 작용만이 아니라 사회 내부에 이미 존재하고 있는, 일종의 계급적 격차에 의해 비롯된다는 점이었다. 이미 글로벌 경제위기 등의 재난을 겪으면서 재정립된 신자유주의적 질서는 중산층의 붕괴와 피폐를 촉발하였으니, 팬데믹 상황은 이를 더욱 명징하게 폭로한 경우라고 할 수 있을 것이다.

    이러한 상황에서 포스트 코로나 시대 논의는 '뉴노멀'이라는 이름의 새로운 사회 체제를 모색하는 방향으로 진행되었다. 그러나 이때의 '뉴노멀'을 도래할 시대의 새로운 가능성의 층위에서만 바라볼 수는 없다. 왜냐하면 신자유주의 시대가 공고하게 구축해 놓은 사회적 불평등을 근본적으로 해결하는 쪽으로 논의가 이루어지는 것은 아니기 때문이다. 오히려 '뉴노멀', 즉 '새로운 정상성'에 관한 논의는 '정상성'의 회복과 이를 강화하려는 이데올로기의 연장선에 머물러 있는 것이 사실이다. 자본주의 사회에서 이윤으로 작동하지 않는, 상품화되지 않는 경우는 노멀이든 뉴노멀이든 도래할 새로운 시대에 어울리지 않는 것으로 간주하기 쉽다. 그러므로 '뉴노멀'은 '노멀'을 자본주의적 테두리에 포섭하고자 하는 재정의이자, 다시금 '정상성'을 강화하려는 의도가 은폐된 건지도 모른다.

재택근무와 원격 교육, 키오스크의 활용 및 플랫폼의 다변화 등이 가져올 생활의 변화는 삶의 본질과 무관하다. '뉴노멀'이란 이름으로 포섭하고자 하는 세계의 변화는 인간의 삶이 아니라 삶을 지탱해 나가는 물적 조건의 변화일 따름이다. 그 물적 조건을 구축하지 못하는 삶은 뉴노멀로 명명되는 사회의 구성원에서 탈각될 위험이 농후하다. 그런 점에서 '노멀' 즉 '정상'이라는 말의 내적 모순을 살펴볼 필요가 있다. 진정한 '뉴노멀'이란 용어의 언어화를 넘어서는 어떤 동력을 가져야 한다. 그럼으로써 정상성으로 소급되지 않는, 그럴 필요가 없는 다양성의 모색으로 진행되어야 할 것이다.

『르몽드 디플로마티크』 한국어판 온라인 섹션의 하나인 〈르몽드 문화 톡톡〉은 지난해 『문화 on/off 일상』을 엮으면서 코로나19가 발생하기 이전부터 빠르게 변화하는 문화적 상황 속에서 매체와 현상을 새롭게 바라봄으로써 지금 이곳, 우리 삶의 양태를 읽어내고 전망을 모색하였다. 올해는 그 연장선에서 우리 삶 저변에 놓인 정상성 논의가 우리에게 가하는 억압과 차별의 기제를 살펴보고 이를 돌파할 여지를 모색하고자 하였다. 그 결과로 『문화: 정상은 없다』를 엮었다. 김시아, 김희경, 류수연, 문선영, 서곡숙, 안치용, 양근애, 이병국, 이주라, 이혜진, 장윤미, 최양국 등 12분의 필자가 참여하여 서로 다른 시선으로 '정상성' 담론이 지닌 문제점을 날카롭게 짚어주었다. 일상적이고 평범하게 다가올 수 있는 '정상'이란 용어에 내재한 문제를 정확하게 응시함으로써 이를 비판적으로 사유하고 다양성의 층위에서 새로운 지평을 모색해 주신 필자분들에게 감사의 인사를 전한다. 이들이 수행한 문화적 성찰이 사회의 변화를 주도하지는 않더라도, 당연하게 여겨왔던 삶의 이면을 반성적으로 되돌아볼 수 있는 계기가 될 것이라 믿어 의심치 않는다. 그 길에 이 책이 함께 하길 기원한다.

2022년 1월
필자를 대표하여
이병국

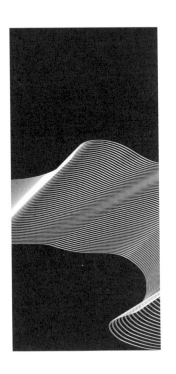

제1부

차별과 배제를 넘어

1장

'상상력의 총체' 문화계가 품고 있는
해묵은 잣대, 피부색과 성별

김희경

주요 시상식의 피부색 논란

"골든글로브를 주관하는 할리우드외신기자협회가 바보같이 보이게 됐다."

– 뉴욕타임스

"할리우드의 인종차별에 대해 심각한 문제를 제기하게 됐다.
미국은 인구의 20% 이상이 집에서 영어 이외의 언어를 사용한다."

– CNN

2021년 미국 골든글로브 시상식을 둘러싸고 외신들은 비판의 목소리를 높였다. 뉴욕타임스 등 주요 매체들은 일제히 시상 기준 등에 대해 지적했다.

그 논란의 중심엔 정이삭 감독의 영화 〈미나리〉가 있었다. 2021 미국 아카데미 시상식에선 〈미나리〉의 윤여정 배우가 여우조연상을 차지하는 큰 영예를 안았다. 하지만 그에 앞서 '아카데미 전초전'이라 불리는 골든글로브 시상식에서 작품과 윤 배우는 커다란 장벽에 부딪혔다.

이 작품은 한국계 미국인인 정이삭 감독이 연출하고, 브래드 피트가 이끌고 있는 제작사 '플랜 B'가 만들었기 때문에 미국 영화에 해당한다. 하지만 주 언어가 영어가 아닌 한국어라는 점에서 '외국어 영화'로 분류됐다. 결국, 외국어 작품으로 분류된 〈미나리〉는 '작품상' 후보에 오르지 못했으며 '외국어 영화상'을 받는 데 그쳤다. 윤 배우도 골든글로브에서 여우조연상 후보에 오르지 못했다. 이를 두고 많은 관계자가 인종차별에 대한 심각한 문제를 제기했다.

골든글로브 시상식에서
'외국어 영화상'을 받은 영화 〈미나리〉
ⓒ네이버영화

골든글로브는 〈미나리〉 이전부터도 차별 논란에 시달렸다. LA타임스는 87명으로 구성된 할리우드외신기자협회에 흑인 멤버가 한 명도 없다는 점을 지적하기도 했다. 흑인 배우들이 주연으로 출연하는 영화에 대해서도 차별을 한다는 비판이 제기돼 왔다.[1]

골든글로브뿐 아니다. 그래미 어워즈 등 미국 대표 시상식들이 열리면, 그 전후로 항상 '피부색'에 대한 논란이 일었다. 영화, 음악 등 장르를 불문하

---

1 「진정한 로컬영화제? 골든글로브 '미나리' 외국어 영화상 수상 파문 확산」, 《스타뉴스》, 2021.3.2. (http://star.mt.co.kr/stview.php?no=2021030208324666324)

고 시상식에서 가장 중요하게 작용하는 요소와 기준은 작품과 아티스트가 되어야 한다. 그런데 피부색이란 문화·예술 작품과 무관하며 부차적인 요소가 주요 기준이 되는 일들이 자주 벌어지고 있다. 이는 시대가 변하고, 또 변한 것 같아도 마찬가지로 반복되고 있으며 전 세계가 주목하는 시상식조차 예외가 아니다.

비단 피부색 문제만이 아니다. 인종, 성별 등 태생적으로 정해지는 기본적인 요인들은 사회적으로 사람들을 나누고 차별하는 요인이 되고 있다. 그중에서도 가장 개방적인 사고와 행동을 할 것으로 보이는 문화·예술계에서도 차별은 빈번하게 일어나고 있다. 이를 두고 매번 논란이 일어나고 있지만, 쉽게 수정·보완되진 않고 있다. 심지어 차별을 잠재적으로 선택하고, 묵인하고 있는 것처럼 보이기까지 하는 이 현상을 과연 어떻게 해결할 수 있을까.

문화·예술계 인식의 답보, 혹은 퇴보

문화·예술계의 차별 문제를 들여다보기 전, 인류사 전체의 관점에서 이 편견과 차별의 정도가 어느 정도에 이르렀는지에 대해 살펴봐야 할 것 같다. 인류사는 편견과 차별, 이를 극복하기 위한 저항이 교차·반복되며 발전해 왔다.

하지만 최근 그 노력이 무색할 만큼 특정 사건들에 의해 답보, 또는 퇴보하는 양상까지 나타나고 있다. 특히 미국, 유럽 사회 등에서 코로나19 이후 일어나고 있는 극단적인 동양인 혐오 같은 경우엔 명백한 퇴보적 양상에 가깝다고 볼 수 있다. 코로나19 이전에도 이런 조짐이 있었다. 도널드 트럼프 미국 전 대통령의 반(反)이민정책 등과 맞물려 인종에 대한 차별이 확산됐다.

성차별도 마찬가지로 개선된 것처럼 보이나, 곳곳에서 파열음이 일어나고 있다. 서로 다른 성을 혐오하는 현상이 나타나고 있을 뿐 아니라, 사회의 보이지 않는 계급 문제와 맞물려서도 차별이 심화되고 있다. 학력이 낮을수록, 또는 사무직이 아닌 생산직일수록 심각한 성차별 문제가 일어나고 있는 것이다. 미국 러스트벨트에서 일하는 여성 철강 노동자 엘리스 콜레트 골드바흐의 저서 『러스트벨트의 밤과 낮』은 그 실상을 잘 보여준다. 골드바흐는 "제철소에 여성 노동자가 있기는 했지만, 확실히 소수집단이었다. 몇몇 남자들은 여전히 여성 노동자들을 회사가 채워야 하는 할당량으로 봤다. 기껏해야 그들은 여성 노동자들을 상징적 존재로 여겼고, 많은 경우 우리의 판단을 신뢰하지 않았다"라고 말한다.[2]

문화·예술로 범위를 좁혀서 보더라도, 이런 현상들은 반복적으로 일어나고 있다. 문화·예술은 인간의 사고와 상상력의 총체이다. 그렇기에 그 내면에 편견과 차별이 존재한다면 작품들에 고스란히 나타나게 된다. 오랫동안 디즈니 등의 수많은 애니메이션이 백인 중심으로 만들어졌던 것도 이를 잘 보여준다. 최근 아시아인 등 다양한 인종의 타이틀롤을 내세운 작품들이 일부 나오고 있지만, 여전히 개선되어야 할 문제들이 많이 남아 있다.

이보다 더 큰 문제는 사람들이 미처 인식도 못 한 채 이뤄진 차별이

2 엘리스 콜레트 골드바흐, 『러스트벨트의 밤과 낮』, 마음산책, 2020, 123쪽

다. 이런 문제들은 계속 외면된 채 당연한 차별로 받아들여져 왔다.

무용계에서, 또 무용 공연을 관람하는 관객들에게도 자연스럽게 받아들여졌던 '토슈즈' 문제가 대표적이다. 1820년 처음 나온 토슈즈는 무용수들이 발끝으로도 설 수 있도록 특수 제작됐다. 대부분의 토슈즈는 핑크색 또는 흰색인데, 이는 철저히 백인 무용수들을 중심으로 한다. 백인 무용수들의 피부색과 최대한 비슷한 색으로 토슈즈를 만든 것으로, 이를 신고 춤을 추면 공중을 떠다니는 듯한 착시 효과가 나게 된다.

반면 다른 인종들, 특히 흑인 무용수들은 이 토슈즈를 신게 되면 매우 어색하게 보인다. 몸과 발의 색이 전혀 다르기 때문에, 마치 발만 분리된 채 따로따로 움직이는 것처럼 보인다. 이로 인해 흑인 무용수들은 일일이 토슈즈를 염색해야만 했다. 여기엔 많은 비용과 오랜 시간이 들어간다. 염색약을 쓴 토슈즈의 수명은 짧을 수밖에 없어, 한 달에 많게는 수십 켤레의 토슈즈를 바꿔 신어야 하는 무용수 입장에선 큰 부담이 된다. 이런 부담을 온전히 피부색이 다르다는 이유만으로 져야 한다는 것은 명백히 부당한 일이다. 그럼에도 오랜 시간, 이 이슈는 사람들의 무관심 속에 묻혀 있었다.

변화의 조짐이 일부 나타나긴 했다. 2018년에 이르러 영국 발레 의상 제조업체인 '프리드 오브 런던'이 이를 개선하기 위해 나섰다.[3] 유색인종의 갈색 토슈즈와 베이지색 토슈즈를 생산하기로 한 것이다. 여기엔 차별을 개선해야 한다는 인식의 변화도 작용했지만, 흑인과 동양인 발레리나들이 늘어나고 영향력을 가지게 되면서 일어난 일로 분석된다.

하지만 아직 이 토슈즈들이 일반적으로 판매되는 정도라고 보긴 힘들

---

3 「흑인 발레리나를 위한 갈색 토슈즈 나왔어요」, 《조선일보》, 2018.11.14.(www.chosun.com/site/data/html_dir/2018/11/14/2018111400167.html)

다. 또한, 일부 토슈즈의 변화가 곧 무대와 시장 전체의 변화를 의미하진 않는다. 여전히 주요 공연의 주인공은 백인들이 맡는 경우가 대부분이다.

전 세계 사람들의 관심이 최고조로 쏟아지는 주요 시상식에서의 차별 문제도 다시 곱씹어 보자. 글로벌 스타 등에게도 일어나는 시상식 차별 문제는 전 세계적으로 차별이 개선되고 있으며, 또 개선될 수 있다는 희망을 단숨에 좌절시킨다.

2018년 열린 미국 그래미 시상식에서 일어난 차별은 많은 사람들을 충격에 빠뜨리기도 했다. 당시 가수 비욘세는 앨범에서 자신과 같은 흑인 여성들이 역경을 극복하는 이야기를 담아 호평을 받았다. 그래미에선 '올해의 앨범상' 등 9개 부문 후보에 올랐다. 하지만 '베스트어번컨템포러리 앨범상'을 받는 데 만족해야 했다. 주요 부문 경쟁자였던 아델에게 '올해의 앨범상' 등 대부분의 상이 집중됐기 때문이다. 이를 두고 아델조차 시상식에서 문제를 제기했다. "그녀가 올해의 앨범상을 타려면 도대체 무엇을 더 해야 하나요"

성별에 따른 차별 문제도 오랜 시간 지속되고 있다. 문화·예술 산업에서 여성은 주체가 아닌, 객체이자 작품의 대상에 머물러 왔다. 1989년 미국 뉴욕에서 한 포스터는 많은 논란을 불러일으켰다. 이 포스터엔 "여성이 메트로폴리탄 미술관에 들어가려면 발가벗어야 하나?" 하는 문구가 적혀 있었다. 메트로폴리탄 미술관의 근대미술 부문 작품 중 여성 미술가들의 작품은 5%에 그쳤다. 하지만 미술관에 걸린 누드화의 85%는 여성을 대상으로 하고 있었다. 포스터는 이 문제를 정면으로 제기한 것이었다.

영화에서 성별에 따라 비중을 따져봐도 여성의 비중이 현격히 떨어진다. 2017년 기준 할리우드 영화 가운데 여성의 대사 비중은 27%에 불과했다. 여성 주인공도 29%에 그쳤다. 영화란 작품의 스토리, 캐릭터의 특성, 배우의 연기력 등 여러 요인이 버무려져 만들어지는 결과물이다. 하지만 성별이란 부차적인 요소에 따라 대사와 역할 비중이 확연히 달라진다는 것은 차별이 강하게 작용하고 있음을 보여준다.

그럼에도 거부하고 저항하는 콘텐츠

그럼에도 편견과 차별을 거부하는 움직임, 그리고 이를 담은 작품들을 끊임없이 나오고 있다. 문화·예술계의 수많은 차별적 요소에도 이런 움직임은 더디지만 조금씩 사람들의 인식 개선을 돕고 있다.

1985년 영화 스티븐 스필버그의 〈컬러 퍼플〉은 인종과 성별에 따른 차별을 집중적으로 다룬 명작으로 꼽힌다. 35년 전 영화는 인종과 성별의 차별을 이중으로 겪는 흑인 여성의 삶을 조명하며 반향을 불러일으켰다. 영화 속 주인공 흑인 여성 셀리는 폭력적인 남편에게 오랜 기간 시달린다. 그러나 셀리는 스스로 자유를 찾아 떠나는 모습을 보이며 이 오랜 고통에서 벗어난다.

남편이 "넌 못생기고 멍청하고 흑인이야. 다시 나한테 돌아올 거야"라고 하자 셀리는 "난 못생기고 멍청하고 흑인이야. 하지만 난 자유야"라며 말한다. 흑인, 특히 그중에서도 흑인 여성이 이중으로 느꼈을 억압과 차별. 영화는 자유를 외치는 설정과 장면을 통해 이들을 뜨겁게 위로한다.

〈컬러 퍼플〉이 1930년대 흑인 여성의 삶을 다룬다면, 2016년 영화 〈히든 피겨스〉는 1960년대 흑인 여성들을 비춘다. 이들은 세계 우주 연구

차별받는 흑인 여성의 삶을 다룬 영화
〈컬러 퍼플〉ⓒ네이버영화

의 중심지인 미국항공우주국(NASA)이라는 곳에서 일하게 되지만, 이곳에서조차 견고한 차별의 장벽에 부딪힌다. 흑인이란 이유로 멀리 떨어진 유색인종 전용 화장실을 써야 하고, 여자이기 때문에 회의 참석도 하기 어렵다. 그러나 이들은 당당히 장벽을 이겨내며 통쾌함을 선사한다. 작품 속 한마디는 불변의 진리를 담고 있다. "천재성에는 인종이 없고, 강인함에는 남녀가 없으며, 용기에는 한계가 없다."

2019년에 나온 영화 〈캡틴 마블〉은 여성 차별을 정면으로 거부하는 작품이다. 당시 보기 드문 여성 히어로물였던 이 작품은 개봉과 동시에 평점 테러에 시달리기도 했다. 작품 속 주인공 캐럴은 늘 자신의 능력을 조절하는 법을 훈련받는다. 그를 훈련시키는 남성 욘 로그는 선의로 이를 포장하지만, 실은 캐럴이 자신의 힘과 재능을 발휘하지 못하게 하는 것에 불과했다. 캐럴은 이를 깨달은 후 능력을 최대치로 끌어올리며 마음껏 자유를 누린다. "난 늘 통제당해 왔지. 그걸 무너뜨리고 자유로워지면 어떻게 될까?" 캐럴의 대사는 그동안 자신도 모르게 통제돼왔던 수많은 여성에게 던지는 메시지와도 같다.

이 가운데 일부 작품들은 오스카 등 주요 시상식에서 수상의 영예를 안기도 했다. 여전히 시상식에선 작품, 배우 등에 대한 차별이 이뤄지고 있지만, 이 장벽을 뛰어넘어 인정받는 작품들이 나오고 있는 것이다.

2017년 배리 젠킨스 감독의 영화 〈문라이트〉가 대표적이다. 이 작품은 아카데미 시상식에서 작품상 등 3개 부문에서 수상해 많은 화제가 됐다. 그 가능성은 매우 희박해 보였다. 흑인 감독이, 흑인 배우들만 나오는, 흑인들의 이야기이기 때문이다. 게다가 주인공 샤이론은 흑인이자 동성애자로 등장해 이중의 장벽에 갇힌 인물로 그려졌다.

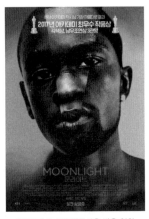

2017년 오스카 작품상을 받은 영화
〈문라이트〉 ⓒ네이버영화

그러나 오스카는 이 작품에 최고 영예인 작품상을 부여함으로써 전 세계에 새로운 메시지를 던졌다. 그 메시지는 영화 속 대사와도 연결될 수 있을 것 같다. "달빛 아래에선 흑인들도 푸르게 보이지."

흑인들의 얼굴이 검다고 해서, 늘 어두운 곳에서 어둡게만 존재해선 안 된다는 의미다. 그들도 빛을 받을 권리가 있으며, 또 스스로 밝게 빛을 내는 존재들이다. 다만 세상이 그들을 외면하고 어둠으로 밀어 넣었을 뿐이다. 오스카는 여기에 빛을 비춤으로써 그 대사가 가진 의미와 메시지를 다시 한번 세계에 각인시켰다. 시대가 변화하고 있으며, 그에 따라 인식도 개선되어야 한다는 것을.

다양성 회복을 위한 연대

작품으로 차별에 저항하는 것도 중요하지만, 보다 적극적이고 능동적으로 목소리를 내는 것이야말로 더 큰 변화를 불러일으킬 수 있다.

영화 〈바람과 함께 사라지다〉는 이런 시대적 요청이 있었기에 재평가를 받게 됐다. 2020년 미국 온라인 동영상 서비스(OTT) HBO맥스는 영화 〈바람과 함께 사라지다〉를 콘텐츠 목록에서 삭제했다. 1939년 개봉한 이 작품은 세계적으로 사랑받은 명작으로 꼽힌다. 아카데미 시상식에서도 10개 부문을 휩쓸었다.

하지만 작품은 흑인 노예들을 잘못된 시선으로 다루고, 이들을 차별하는 백인들의 행동을 영웅시했다. 영화 〈노예 12년〉의 각본을 쓴 영화감독 존 리들리는 작품의 삭제를 적극 요청했다. 당시 비무장 흑인이 백인 경찰에 의해 숨진 '조지 플로이드 사건'이 발생하고, 이로 인해 항의 시위가 일어나면서 이 같은 요청은 더욱 주목받았다.

결국 HBO맥스 측은 삭제 조치를 발표하며 "〈바람과 함께 사라지다〉는 그 시대의 산물이며 불행히도 당시 미국 사회에 흔했던 윤리적·인종적 편견 일부가 묘사돼 있다"라고 인정했다. 또 삭제 조치에 대해 "이런 인종차별적 묘사는 당시나 지금이나 틀린 것이며, 이에 대한 규탄과 설명 없이 해당 영화를 방영 목록에 두는 건 무책임하다고 생각했다"라고 설명했다. 시대적 변화에 따른 시선의 변화, 여기에 차별에 저항하는 목소리가 더해지면서 명작의 기준과 명단이 바뀌게 된 것이다.

연대의 메시지를 담은 목소리를 내는 것도 큰 도움이 될 수 있다. 그래미에서 차별을 당한 비욘세를 위해 아델이 했던 행동처럼 말이다. 아델은 시상식에서 당당히 트로피를 반으로 쪼개며 비욘세를 위로했다. 이는 단순히 스타이기에 할 수 있었던 행동이 아니라, 인간으로서 차별과 정의에 대해 진지하게 고찰했기에 가능한 일일 것이다.

차별은 차별받는 사람만의 피해가 아니다. 차별하는 사람도 스스로
는 인지하지 못하더라도 간접적으로 피해를 입게 된다. 다양성이 사라진
곳에선 제대로 된 문화·예술이 싹틀 수 없기 때문이다. 고(故) 넬슨 만델
라 대통령도 "우리도 그들(백인)도 편견의 피해자"라고 말했다.

반대로 다양한 나무가 있다면 숲은 더욱 울창해진다. 1900년대 오스
트리아 빈이 모더니즘의 성지가 될 수 있었던 것은 유대인들을 인정하고
받아들였기 때문이다. 이들은 차별의 대상이 아니라 동등한 주체로 인정
받자, 빈에 있는 수많은 예술가들에게 전폭적인 지원을 보냈다. 이뿐 아니
라 힙합이라는 새로운 장르의 문화도 흑인들의 자유로운 생각과 재능 위
에서 탄생하고, 전 세계에 퍼져나갔다.

각자의 생각과 상상력의 열매가 맺히고 꽃 필 수 있는 토양과 환경.
문화·예술계에 온전히 그 기반이 마련되는 날이 오길 기대해 본다.

2장

정상가족이라는 상상공동체

이병국

지난해 말, 방송인 사유리의 비혼 출산 소식은 한국사회에 논란을 불러왔다. 결혼하지 않은 여성이 해외의 정자은행에서 정자를 기증받아 아이를 출산한 이 일을 두고 다양한 의견들이 개진됐다. 이를 간단히 정리하자면, 혼인 여부와 상관없이 임신에 대한 여성의 자기결정권을 옹호하는 인식과 비혼모 출산으로 인해 전통적 가족상이 붕괴하고 사회 혼란이 벌어질 것이라는 비판적 인식의 대립이라고 할 수 있다. 임신에 대한 여성의 자기결정권은 여성 인권과 관련된 문제이다. 아기의 생명권과 관련된 낙태 이슈를 제외하더라도 출산의 주체인 여성이 '임신'과 '양육'에 관한 다양한 방법론을 제시하는 현상 자체가 전통적 가족 관계를 해체할 위험요소로 인식되는 상황이다.

흥미로운 점은 '가족'에 관한 일반적 인식에 있다. 우리는 가족을 자연적, 생물학적 단위로 바라보는 데 익숙하다. 저 살벌하고 폭력적인 사회 체제에서 우리에게 위로를 주는 구원의 체계가 가족인 것처럼 여긴다.

혈연으로 이루어진 '가족'이란 공동체를 온갖 사회적 위기 속에서 우리가 기댈 유일한 사적 안전망으로 간주하는 것은 개인을 받쳐줄 사회적 보호 제도가 전무한 상황에 기인한다. 김희경에 따르면, 한국 사회의 가족주의는 근대화 과정을 겪으며 강력해졌다고 한다. 1960, 70년대 경제개발 논리로 인해 사회보장 및 복지 서비스는 가족에게 위임됐으며 사회의 경제적 부강은 그러한 가족의 희생 위에서 이루어졌다. 또한 저임금 노동력의 필요로 장려된 핵가족 정책이나 그로 인해 발생한 전통적 가족 부양의 문제는 접어둔 채 바람직한 가족상을 강요하는 방식은 국가가 '가족'을 통치 이데올로기에 따라 다르게 맥락화하는지 살펴볼 수 있는 요소이기도 하다.[1] 그런 점에서 가족이란 개념은 자연발생적인 고정된 실체라기보다는 구체적인 사회 현실에 의존하는, 이데올기적으로 '구성된 실체'라고 하는 것이 바람직한지도 모른다.[2]

여하튼 우리는 가족을 낭만적으로 상상하는 경향이 있다. 구성원들 간의 친밀함에 바탕을 두고 동일한 공간을 공유하며 정서적으로 위안을 얻을 수 있는 장소로 상상된 가족은 이상적인 것과 결합한다. 당연하게도 이때의 '이상적인 것'이란 사회가 요구하는 정상성에 응답하는 것으로 제한된다. 미국의 사회학자 리처드 세넷을 인용하면 "공동체 질서를 이루는 토대가 공동체의 동일성, 즉 동일성이라는 가치에 따라 서로 관계있다

---

1 김희경, 『이상한 정상가족』, 동아시아, 2017, 165~172쪽 참조.
2 가족서사에 관해 연구한 권명아는 "가족은 명확하게 사회와의 상호 작용을 통해 구성된 실체"이며 가족 개념은 "'가족이란 어떠어떠한 것이다'라는 개념이 형성되는 사회적 역학 관계에 따라 봉건적이거나 근대적인 성격의 가족 이데올로기로 구성되는 것"으로 본다. 권명아, 『가족이야기는 어떻게 만들어지는가』, 책세상, 2000, 14쪽.

고 사람들이 느끼는"[3] 것이야말로 '정상성'이며, 집단적 동일성을 붕괴시키는 '다름'은 갈등을 유발할 뿐이므로 배제되어야만 한다. 그러므로 비혼 여성과 그녀가 낳은 아이는 정상가족 이데올로기를 위협하고 더럽히는 불순한 것이므로 사회에서 추방돼야 할 비정상으로 간주된다. 그러나 이런 '비정상성'은 역설적으로 '정상성'의 민낯을 폭로하는 역할을 수행함으로써 정상가족 이데올로기에 내재된 폭력성과 부조리를 밝힌다.

정상가족의 범주에 속하지 않는 두 종류의 가족형태

그렇다면 정상가족이란 어떤 형태인 것일까. 우리의 인식 속에서 정상가족은 전근대의 대가족의 형태는 아닐 것이다. 이는 근대 이후에 구성된 개념으로 이른바 이성애로 결합한 부부인 부모와 아들 하나, 딸 하나를 둔 4인 가족의 형태일 것이다. 자녀를 하나만 둔 3인 가족도 정상가족으로 포함할 수 있으나 흔히 '4인용 식탁'으로 상징되는 구성원 비율을 우리는 '정상가족'으로 상상한다.[4] 그렇기 때문에 이 구성을 취하지 않는다

---

3 리처드 세넷, 『무질서의 효용:개인의 정체성과 도시 생활』, 유강은 옮김, 다시봄, 2014, 78쪽.
4 한국의 가구 형태 중 부부+자녀로 구성된 이른바 정상가족은 2000년 전까지 50%를 약간 상회하였으나 2019년에는 30% 이하로 떨어졌다. 오히려 1인 가구가 30%를 상회하고 한부모, 조손 가구, 비혈연 가구 형태 등이 뒤를 이었다. 오진방, 「12시간 노동, 30분 면회. 미혼모에게 벌어진 일」, 《오마이뉴스》, 2021. 5. 18. http://www.ohmynews.com/NWS_Web/View/at_pg.aspx?CNTN_CD=A0002744354&CMPT_CD=P0001&utm_campaign=daum_news&utm_source=daum&utm_medium=daumnews

면 아무리 안정적이고 만족스러운 삶을 살아간다고 하여도 스스로를 비정상으로 여기게 된다. 그러나 가족의 정상성은 기실 존재하지 않는다.

윤이형의 소설 「승혜와 미오」(『작은마음동호회』, 문학동네, 2019)에는 두 종류의 가족 형태가 나란히 놓인다. 하나는 승혜와 미오가 구성하는 레즈비언 동거가족이며 다른 하나는 이호와 이호 엄마로 구성된 한부모 가족이다. 두 가족 모두 정상가족의 범주에 속하지 않는다. 서술자인 승혜가 베이비시터로 이호를 돌보면서 두 가족은 연결된다. 이 소설의 주된 갈등은 아이를 원하는 승혜와 그런 승혜가 원하는 가족이 되어줄 수 없는 미오와의 관계 불안정성에서 비롯되지만, 그 이면에는 레즈비언 커플을 가족으로 승인하지 않는 사회, 더 나아가 정상가족의 범주를 한정하는 사회와의 갈등이 놓여 있다. 그런 점에서 승혜 엄마의 "동성애 그거, 정신 나간 애들이 하는 거 아니냐, 다 잡아다가 병원에 가둬야 되는 거지 저거 저거"(41쪽) 라는 말은 승혜로 하여금 자신의 정체성을 인정받을 수 없게 하고, 그를 비정상의 잔여물로 낙인찍어 '정상'에서 배제시킨다.

재생산이 불가능한 관계라는 이유로 전통적 가족주의를 위반하는 '위협적 존재'인 승혜와 미오는 "온전히 자기 자신만의 시선으로 살아가는 사람"(48쪽)이 될 수 없을지도 모른다. 언제나 정상과 비정상을 가르는 시선에 노출될 수밖에 없으므로 그들은 '누락된 존재'로 스스로를 인식하고 자기혐오의 폐쇄된 삶을 살게 된다. 그러나 그들은 "있을 수 있다거나 있어야 한다는 문제를 떠나 이미 그냥 그렇게 세상에"(49쪽) '있는' 존재이다. 그들은 정상성의 범주에서 사고되어야 할 당위가 아니다. 오히려 차이에 의해 구성되는 다른 가능성의 충위를 지닌 존재이기에, 당위적 사고에 기반을 둔 정상성을 재맥락화할 수 있는 존재라고 보는 게 옳다.

이는 이호와 이호 엄마로 구성된 한부모 가족도 유사하다. 앞서 통계에서 이야기한 것처럼, 부부와 자녀로 구성된 이른바 '정상가족'은 한국 사회에 지배적 가족 구성의 형태가 아니다. 그럼에도 불구하고 가족 구성원이 채워지지 않았다는 이유로 정상이 아닌 가족으로 치부할 수는 없는 노릇이다. 차이가 차별이 되어서는 안 된다고 말하면서도 우리는 알게 모르게 차이를 차별로, 옳고 그름으로 인식하는 경향이 있다. 차이는 "우리가 좋다거나 나쁘다고 할 수 있는 일이 아"(57쪽)니다. 그러나 사회적 편견은 가부장적 권력에 의해 정상성에 포섭되지 않는 가족을 타자화하며, 타자화된 존재는 허상 속에서 자기모멸과 자기부정의 피학적 위치를 강요당한다. 윤이형은 승혜와 이호 가족을 결속시켜 이를 돌파해 나간다.

승혜의 돌봄 노동은 이호 엄마가 수행하는 생계 부양의 임금 노동을 가능케 하며 사회를 유지하기 위해 수행되는 비가시적 노동을 가시화한다. 이는 비경제적이라고 간주된 돌봄 노동을 임금 노동의 자리로 옮김으로써, 생계 부양을 남성의 역할로 제한하여 사유하는 사회의 편견을 무너뜨려 가부장제 이데올로기의 이성애 중심 가족의 형태를 재고하게 만든다. 작가는 타자화된 정체성을 새로운 공동체의 형태로 묶음으로써 승혜와 이호 엄마 모두를 주체화된 자리로 옮긴다.

승혜와 이호 엄마의 관계는 승혜와 승혜 엄마와의 갈등을 봉합하는 데로 나아간다. 사회적 편견으로 동성애를 "정신 나간 애들이 하는 거"라고 생각하는 승혜 엄마 역시 "자신을 키우느라 혼자서 있는 힘을 다해—아마도 지금 이호의 엄마처럼—필사적인 삶을 살아온 엄마"(41쪽)이기 때문이다. 엄마와의 갈등이 해소되는 것은 아니지만, 승혜는 이호 엄마를 통해 자신의 엄마와의 갈등이 해소될 가능성을 타진할 수 있게 되는 셈이다. 물론 실제로 그것이 이루어질 수 있는 것인지는 소설 내에서 확인할 수 없지만, 새로운 공동체의 가능성 속에서 갈등은 단지 정체성 투쟁의 장에서 대립해야 할 문제가 아닌 용해시킬 수 있는 것이 된다. 그것은 "남편 생일에 시가 어른들께 생색내기 좋"은, "집들이 음식으로 딱"(31쪽)인 전시용 '밀푀유 나베'를 "절대로 닿을 수 없는 어떤 아득한 세계의 상징, 영원한 불가능의 표지"로 여기며 수동적으로 향유하는, 정상성의 기표가 아닌 이호와 이호 엄마를 위해 내어주는 것에서 시작된다. 더불어 자신의 입에도 넣음으로써 그것이 "심심하고, 슴슴하고, 대단한 점이라고는 하나도 없는, 너무 아무렇지 않은" "그 아무렇지 않음 때문에, 실망스러우면서도 안심이 되는 그 별거 아님"(57~58쪽)을 아는 데에서부터 시작할 것이다. 이호 가족이 승혜의 존재를 아무렇지 않게 수용한 것처럼 말이다. 이 '아무렇지 않음'이야말로 존재의 본질이 아닐까.

가부장적 훈육이 생성하는 종속적 관계

정상가족 이데올로기에 기반을 둔 가족주의는 가족이라는 공동체를 사적 층위에서 사유하게 하며 내부의 모순을 은폐한다. 정상가족은 이상적인 형태로 구조화되어 우리의 관념을 지배한다. 그렇기 때문에 정상가족 구성원 내부의 문제는 간과되기 쉽다. 최근 발생한 일련의 아동학대 관련 범죄는 사안이 심각하며 아이의 죽음을 초래하기도 했다. 이 문제가 비단 오늘의 문제만은 아니겠으나, 2020년 아동학대 의심 신고 건수가 38,100여 건으로 2009년 이후로 지속적으로 상승하는 것은 문제적이라

할 수 있다. 의심 신고 모두 가정 내의 학대로 이루어지는 것은 아니다. 그러나 '정인이 사건'을 비롯해 천안 아동 가방 감금 사망 사건이나 생후 2주 된 신생아를 던져 숨지게 한 20대 부부의 경우처럼 가정 내 아동학대 사례는 차고 넘친다. 아무리 부모의 자녀 징계권 915조가 바뀌었다고 해도 친권자가 아동을 폭력적으로 훈육할 수 있다는 사회 인식은 지배적이다. 이는 아동을 부모의 소유물로 바라보는 데에서 비롯된다. 더 나아가 자식을 성별로 위계화하여 다르게 간주하는 가부장제 이데올로기의 내면화도 아동에 대한 폭력적 상황을 심화시킨다.

'체벌'이라는 명명으로 가해지는 폭력은 단지 아이를 향해서만 이루어지는 것이 아니다. 권력은 위계에 기반을 둔 훈육으로 대상에게 일정한 인식을 요구한다. "체벌은 갖가지 이유로 행해질 수 있고, 거기 따라붙는 훈계도 그만큼 다양하다. 하지만 표면상의 다양성을 넘어서, 체벌은 언제나 단 하나의 메시지를 반복적으로 전달한다. 바로 체벌이 언제라도 반복될 수 있다는 사실이다. 너의 몸은 온전히 너의 것이 아니며, 나는 언제든 너에게 손댈 수 있다는 가르침이다. 체벌에 동의한다는 것은 이 가르침을 수용한다는 것이다."[5] 즉 '체벌'은 타자로 하여금 주체의 의지대로 존재해야 함을 신체적으로 각인시키는 행위이며 권력을 재생산하는 수행인 셈이다.

최은영의 소설 「601, 602」(『내게 무해한 사람』, 문학동네, 2018)는 정상가족으로 보이는 옆집 효진이네의 폭력성을 폭로한다. '나'는 옆집 친구 효진이 그녀의 오빠인 기준에게 맞는 것을 목도한다. 그러나 기준의

---

5 김현경, 『사람, 장소, 환대』, 문학과지성사, 2015, 130~131쪽.

실체적 폭력보다 무서운 것은 효진을 향한 폭력을 방임하는 효진네 엄마이다. 가부장제 이데올로기를 내면화한 효진의 엄마는 아들 앞에서 굴종의 포즈를 취한다. 폭력은 위계를 먹고 산다. 그것을 바탕으로 증식하며 재생산된다. 자식을 향한 부모의 폭력이 훈육이란 이름으로 행해지며, 그 훈육은 대물림되어 오빠에게서 여동생으로 향한다. 여동생은 가족 내 가장 낮은 계급을 점유하며, 자신에게로 향한 폭력을 감내해야만 하는 것이다. 이 폭력에는 중층적인 문제가 내포되어 있다. 그중 하나는 자식을 소유물로 여기고 그에 행사되는 폭력을 (직접 행사하지는 않는다고 하더라도) 방임함으로써 다른 형태의 폭력을 수행하는 부모의 문제이고 다른 하나는 가부장제 이데올로기의 남아 선호 사상이 내면화된 존재의 자기 굴종의 포즈가 그것이다. 정상가족 이데올로기가 단지 가족 구성원의 이상적 양태로 이루어지는 것은 아니라는 점에서 이는 동일한 맥락에서 고려될 수 있다. 이때의 정상가족은 가부장제 이데올로기에 복무하며 남성 중심적인 가치를 재생산하는 구조인 셈이다. 여동생을 향한 아들의 폭력은 여성에게 가하는 가부장적인 훈육의 상징이다. 다시 말해, 기준이 효진에게 가하는 폭력은 가부장제 이데올로기를 내면화한 남성 주체가 여성 타자를 종속화하는 행위이다.

돌봄 노동을 수행하는 여성을 향한 사회적 시선은 냉대에 가깝다. 자본화된 상품을 생산하지 못하는 돌봄 노동 수행자는 산업 생산자들에 비해 상대적으로 열악한 대우를 받는다. 그들은 개별적 존재로 사회적 의미를 획득하지 못하며 가족 구성원으로 동등한 지위를 얻지도 못한다. 돌봄 노동을 수행하는 여성은 여성적인 존재로 타자화되며 가부장제의 재생산을 위해 수단화된 매개로 간주된다. 여성은 경험적, 주체적 지위를 박탈

당한 채 가족의 부속물로써 희생을 강요당하는 셈이다. 작가는 "여자들은 땀을 흘리며 부엌에서 남자들이 먹을 상을 차리느라 분주했고, 남자들은 검은 정장을 갖춰 입고 선풍기 바람을 쐬고 있었다."(64쪽)는 문장과 "기준은 효진이의 어깨를 벽에 밀어붙이고 무릎으로 그애의 배를 가격했다. 내가 이해하지 못할 욕을 하면서 연속해서, 몸의 반동으로 그애를 때렸다."(65쪽)는 문장을 나란히 배치함으로써 '정상가족'이라는 상상 속에 은폐된 여성 타자의 희생을 고착화시키며 남성 주체의 존립 방식을 용인하는 가부장제 이데올로기의 부조리를 폭로한다.

부당한 관계 속에서 희생을 강요당하는 여성의 지위는 효진네 가족의 문제만이 아니다. 효진네 가족이 명시적으로 행해지는 폭력을 통해 가부장제 이데올로기를 재생산한다면, '나'의 가족은 은밀하게 수행되는 강요를 통해 가족 내 권력의 메커니즘을 재생산한다. 기준의 폭력을 고발하려는 '나'를 말리는 엄마는 가족 내에서 이루어지는 권력의 요구를 수용한다. "나의 아빠는 맏아들이었고, 결혼한 지 십 년이 지나도록 아들을 낳지 못한 엄마는 친인척들이 모인 자리에서 늘 은근한 지탄의 대상이 되곤 했다."(68쪽)는 문장에서 알 수 있듯이, 대를 이을 아들을 낳지 못한 엄마는 '지탄의 대상'이 될 뿐이다. 가부장제를 둘러싼 권력의 일부로 존재해야만 하는 여성은 스스로를 약자의 자리에 놓는다. 이 자리는 강요된 자리이지만, 권력 바깥을 상상할 수 없는 상황에서 다른 선택은 불가능하다. 그곳에서 '나'는 "성실하고 재미있는 아빠, 조건 없이 자길 좋아해주는 엄마, 늘 유쾌하고 친구처럼 지내는 오빠"(71쪽)를 상상하거나 엄마가 아들을 낳아 "이제 우리는 누구보다도 행복해질 거야."(78쪽)라고 말할 수밖에 없는 것이다.

주디스 버틀러는 '여성은 태어나는 것이 아니라 만들어진다'는 시몬느 드 보부아르의 주장을 인용하며, 여성은 과정 중에 있는 용어이기에 시작하거나 끝난다고 당연하게 말할 수 없는 구성 중에 있다고 말한다. 진행 중인 담론적 실천으로서 간섭과 재의미화가 열려 있는 것인데 그런 이유로 지배 이데올로기가 요구하는 여성이 된다는 것은 결코 종결될 사항이 아니다. 이러한 바탕에서 여성은 수행적 차원에서 젠더의 본질적 외관을 젠더의 구성적 행위들로 해체할 수 있을 가능성으로 전환될 수 있다.[6] 주체와 타자가 고정된 실체가 아닌, 위치에 의해 주어지는 자리일 따름이라는 점을 지적할 수 있다면, 그리고 자신의 인식과 행위의 자율적인 주인이 되어 스스로를 표상할 수 있는 자리로 옮길 수 있다면, 여성은 가부장제 이데올로기가 여성에게 강제한 자리를 거부하고 그 역학 관계를 다른 방향으로 전복시킬 수 있을 것이다. 비록 이 소설은 상상적 정상가족(처럼 보이는 가족) 내부에 은폐된 가부장제 이데올로기의 작동 방식을 고발하는 데에 멈춰 있지만, 엄마와 효진이네 가족을 통해 가족의 실체를 맞닥뜨린 '나'를 통해 다른 가능성을 모색할 수 있도록 한다.

가족, 그 내밀한 공동체에 가해지는 균열

우리는 우리가 상상하는 정상가족이 실제의 가족 구성과 동일한 방식으로 재현되지 않는다는 것을 알고 있다. 우리 사회에 보편적 가치가

6 주디스 버틀러, 『젠더 트러블』, 조현준 옮김, 문학동네, 2008, 98~114쪽 참조.

있다면, 그것은 정상성 담론에 기댄 차별이 될 수는 없을 것이다. 그러나 절대적 환대가 가능하다고 믿는 그 '보편적' 공동체는 개별적 주체의 정체성을 구성하기보다는 남성 주체와 여성 타자의 위계에 바탕을 둔 여성의 희생을 통해 구성되며 내부로부터 곪아 가는 자신을 은폐하기 위해 정상가족이라는 낭만적 신화를 덧씌운다.

폭력은 밝은 곳에서 벌어지기도 한다/ 햇빛이 잘 들어오는 집에
살았던 적도 있다// 보이는 것도 흰 것이고/ 보이지 않는 것도 흰 것일 때//
겹겹의 백지처럼/ 어두운 곳엔 없는 기도를 했다// 알고 싶지 않은 것을
알게 되면/ 어른이 될까// (······)// 가라앉지 않으려고 애쓰면서도/ 침대의 밑,
겨울의 끝에 대해 생각했다// 깨지기 직전의 시간을 모자처럼 눌러쓰고/
얼굴 끝까지// 마구잡이로 쌓아올린 그릇들// 더 깊은 얼굴이 되면/
따뜻한 손을 갖게 될까// 지우고 싶지 않은 것들 사이엔 반드시/ 지우고 싶은
색이 있다// 가족의 색/ 가족의 문/ 가족의 반성과 가족의 울음 가족의 일상
가족의 방식 가족의 손과 가족의 얼굴 가족의 정지/ 그리고 가족의 가족//
알약은 깊은 곳에서 녹는다/ 녹는 곳엔 바닥이 없다// 이것이 마지막 말이다//
얼굴에 그린 그림을 가면처럼 쓰고 있던 아이들이/ 다 지워질 때까지
— 안미옥, 「가족의 색」(『온』, 창비, 2017) 부분

암묵적으로 사회가 용인하고 추동하는 정상가족 이데올로기는 가족을 집단으로 간주하고 가족 구성원 개인을 삭제하는 방식으로 진행된다. 그럼으로써 가족 부양과 생존의 책임을 사적 영역에 전가하여 헌신과 보답의 도덕적 의무를 가족주의 구조 안에서 수행토록 한다. 이는 돌봄을 위시한 삶의 제반 조건을 가족 내부의 문제로 한정 지어 사유하도록 만든

다. 안미옥 시인은 「가족의 색」이란 시를 통해 가족의 위태로운 내부를 폭로한다. 한때는 "햇빛이 잘 들어오는 집에 살았던 적도 있"지만, 지금은 "겹겹의 백지처럼/어두운 곳엔 없는 기도를" 해야만 하는 상황에 처한다. 맑고 깨끗하리라 믿었던 하얀 세상은 "보이는 것도 흰 것이고/ 보이지 않는 것도 흰 것"으로 그저 밝기만 한 곳에서도 자행되는 "폭력"을 감당해야만 하는 공간으로 의미화 된다. 그곳에서 "가라앉지 않으려고 애쓰"는 존재는 "깨지기 직전의 시간을 모자처럼 눌러쓰고" 얼굴을 감춘다. 가족은 "지우고 싶지 않은 것들 사이"에 존재하는 "지우고 싶은 색"이다. 그 안에서 무슨 일이 벌어졌는지는 알 수 없으나 "폭력"이 자행된 곳임은 짐작할 만하다. 같은 시집의 다른 시에서 "다리가 네 개여서 쉽게 흔들리는 식탁"(「식탁에서」)을 감각했던 것처럼, 정상적으로 보이는 저 "흰" 세계는 그 "흰" 색 때문에 다른 색을 사유하지 못하도록 하는 폭력적 상황을 내포하고 있음이 분명하다. 너무도 분명하여 서로를 잘 알고 이해할 수 있으리라고 믿지만, 그 믿음이 담보하는 것은 아무것도 없다. 오히려 "얼굴에 그린 그림을 가면처럼 쓰고" 지워지는 "아이들"과 마주하게 한다.

　　내부에 도사린 폭력적 관계를 직시할 수 없는 이유는 가족에 관한 이데올로기가 공고하게 작동하기 때문이다. 그러나 순수한 관계로 상상된 가족, 그 내밀한 공동체에 균열을 가하는 것은 "가족의 일상 가족의 방식"에 숨은 "가족의 손과 가족의 얼굴"을 똑바로 바라보는 데에 있다. 가족에게 투사된 이데올로기를 "정지"시키고 "가족의 색"이라고 가정된 "흰" 것에 묻은 얼룩을 드러내고 "가족의 문"을 활짝 열어젖혀야만 한다. "절박한 질문을 손에 쥐고 있어도/ 일주일이면 희미해지듯"(「나의 문」) 차후에 해결해야 할 문제가 아니다. 사회의 근간이 가족에 있다고 말하면서도 그

것을 사회적 공동체의 층위에서 논의하지 않는다면 우리는 "바닥이 없"이 "녹는" 존재로 전락하고 말 것이다.

3장

로맨스 드라마의 관습을 경유하는 비혼

문선영

비혼이라는 트렌드를 입은 로맨스 드라마

우리 사회에서 오랫동안 '결혼, 출산, 육아'의 과정은 인생의 필수코스처럼 여겨졌던 것이 사실이다. 이를 기반으로 한, 가족 형태의 정착은 '평범함', '일반적'이라는 의미와 결합하여 정상적 가족에 대한 집착으로 이어져 왔다. 결혼을 통한 정상가족이라는 틀은 TV드라마를 통해 고정적 이미지로 구축되곤 했다. 수많은 로맨스 또는 가족드라마에서 결혼은 사랑을 이루기 위한 행복한 결말로 작동되었던 것이다. TV드라마에서 결혼은 남녀의 결합 또는 사랑의 완성이라는 의미를 재현하는 경우가 더 많았다. 물론 모든 TV드라마에 해당되는 것은 아니지만, 1960년대 이후 이어져 온 가족드라마의 흐름을 살펴봤을 때, 한국 방송에서 결혼을 전제한 가족 형태에 대한 집착은 여전히 이어져 오고 있음을 알 수 있다. 1960년대 고정화된 가정 모델을 그린 가족 드라마에서, 2021년 가족은 별거, 이혼, 재혼 등으로 해체될 위기에 놓인 가족의 다양한 갈등을 재현하기도 하지만, 결국 전통적 가족 형태의 틀을 완전히 벗어나는 것은 쉽지 않다.

비록 제한된 방식 안에서 다루어졌지만 TV드라마에 나타난 결혼 문제는 우리 사회의 일면을 들여다볼 수 있다는 점에서 세심한 관찰이 필요한 부분이기도 하다. 이 점을 반영하듯 최근 TV 로맨스 드라마의 관심사가 결혼에서 비혼으로 확장되고, 비혼 동거, 비혼 출산 등을 전면에 내세우고 있다는 점은 주목할 부분이다. 이는 다양한 가족 형태를 인정하는 사회 변화를 반영한 것이라 할 수 있다. 취업난, 치솟는 부동산 가격 등 여러 가지 사회, 경제적 요인들로 인해 N포 세대 청년층이 포기해야 할 하나에 속했던 결혼은 좀 더 다양한 생각의 변화로 이어지고 있다. 개인 생활에 대한 자유로운 선택을 중시하는 청년 세대를 중심으로 변화된 결혼에 대한 가치관은 혼인 관계로 이뤄진, '정상가족'을 벗어나 새로운 형태의 가족상을 추구하는 방식으로 변하고 것이다. 난임 이성 커플에게만 체외수정을 허용한 상태였던 프랑스가 영국, 벨기에, 스페인 등에서 허용하는 비혼 여성, 동성 커플의 체외수정을 통한 출산을 허용하는 생명윤리 법안 통과시켰다는 점은 의미 있는 일이라 할 수 있다. 비단 서구사회의 변화라고만 볼 수 없는 것은 한국에서도 대중매체를 통해 비혼주의, 비혼 출산이 자연스럽게 등장하며, 하나의 일상적 영역으로 자리 잡고 있다는 사실이다. 최근 방송인 사유리의 비혼 출산에 대한 청년들의 긍정적 반응과 지지는 변화의 분위기를 실감하는 사례일 것이다.

결혼을 통한 사랑의 완성이라는 전통적 로맨스 관습이 주도적이었던 TV드라마에서도 변화의 흐름을 반영하는 몇몇 작품들을 살펴볼 수 있다. 최근 '비혼'이라는 사회적 이슈를 대중문화의 최신 감각으로 흡수하여 중심 이야기로 다루는 로맨스 드라마들이 등장했다. 사실 낭만적 사랑을 추구하는 로맨스 드라마에서 '비혼'은 쉽지 않은 선택이다. 염려했던 점이 드러나듯, '비혼'을 중심 서사로 다루었던 TV로맨스 드라마는 정상가족을 재현한 기존 드라마에 대한 새로운 대안을 제시하기에 아쉬웠다는 평이 지배적이었다.[1]

그럼에도 불구하고 '비혼' 주제 TV로맨스 드라마를 쉽게 지나칠 수 없는 이유는 분명히 존재한다. '비혼'에 주목한 TV로맨스 드라마에서 '비혼'은 단지 트렌드를 따라가기 위한 전략에 그쳤다 할지라도 최근 로맨스 드라마에서 재현된 '비혼'에 현실을 엿볼 필요가 있기 때문이다.

현실을 비껴가는 로맨스 드라마 전략

〈그놈이 그놈이다〉(KBS, 이은영 극본, 최윤석·이호 연출, 2020.7.6. ~ 2020.9.1.)의 주인공 서현주(황정음 분)는 웹툰 기획팀장으로 열정적으로 일하며, 전문분야에서 능력을 인정받는 30대 여성이다. 이 드라마는 서현주가 삶의 방식으로 결정한 '비혼'을 인정받고 사수하려는 과정을 코믹하게 그린 로맨스물이다. 〈그놈이 그놈이다〉는 1회에서 서현주가 가족과 친구들이 모인 자리에서 '비혼 선언'을 하는 장면을 시작으로, '비혼'을

---

1 「잇단 비혼 드라마, 트렌드와 로맨스 사이 어설픈 줄타기」,《국민일보》, 2020.7.15.
http://news.kmib.co.kr/article/view.asp?arcid=0924147512&code=13180000
&cp=nv

전면에 내세운다. 서현주는 웨딩 드레스를 입고 홀로 등장하여 "오늘 저는 사랑하는 부모님과 친구들 앞에서 평생의 반려자를 소개하려 합니다. 평생의 반려자는 바로, 저 자신입니다."[2] 라며 비혼 선언을 한다. 그녀의 선언은 완벽한 남자친구의 청혼을 거절한 직후 행동이라는 점에서 흥미롭다. 결혼에서 출산, 육아로 이어지는 정상가족의 범위를 벗어나 오로지 자신에게 집중하고 싶다는 서현주의 선택은 다양한 갈등 상황을 만들어내며, 드라마 주요 서사와 결합된다. 특히 결혼이 당연한 삶의 방식이라고 여기는 부모 세대를 이해시키는 과정은 오해와 억측 등을 낳으며 지난한 과정을 거쳐야 한다.

서현주는 부모에게 빌린 독립 자금 5천만 원 때문에 강제적으로 선자리에 불려 나가는 것을 반복하며 '비혼'을 사수한다. 맞선 상대에게 거절당하기 위한 서현주의 엉뚱한 연극 에피소드는 로맨틱 코미디 드라마에서 흔히 사용되는 방법 중 하나이다. 하지만 한 가지 눈여겨볼 점은 비혼을 선택한 서현주의 눈에 비친 맞선 상대 남성이 가진 결혼에 대한 생각에 관한 부분이다. "저는 밖으로 나가는 여자보다 집안에서 자신의 일을 성실히 하는 여성이 좋습니다. 아이 잘 보고, 시부모님 잘 모시고, 알뜰살뜰한..." 자신의 여성관에 대한 맞선 상대의 발언에 대해 서현주는 "자신 대신 자기 부모 돌보고, 자기가 벌어다 준 돈 함부로 쓰지 말고, 양육은 전적으로 아내 몫이라는, 완전 가정 관리자네."[3] 라고 속내를 드러낸다. 결혼이 서현주에게 매력적인 삶의 조건이 될 수 없다는 점을 코믹하게 제시한 장면이지만, 한편 여성에게 결혼이 불리하게 작동되는 현실의

2 〈그놈이 그놈이다〉(KBS) 1회
3 〈그놈이 그놈이다〉(KBS) 3회

예가 직접적인 대사를 통해 드러난 부분이기도 하다. 〈그놈이 그놈이다〉
에서 서현주는 맞선 상대와 유사한, 아니면 더한 사고방식을 가진 사람들
을 상대해야 하기에, 그녀에게 '비혼'은 사수되어야 할 삶의 방식인 것이
다. 또한, 이는 실제 삶에서 비혼을 선택한 여성이 상대해야 할 현실이기
도 하다.

〈그놈이 그놈이다〉 포스터

〈그놈이 그놈이다〉는 한발 더 나아가 '전생'이라는 판타지적 소재를
활용하여, 가부장제라는 구조 안에서 결혼이 여성에게 더 억압적일 수밖
에 없다는 사실을 제시한다. 서현주는 운명적 상대 황지우(윤현민 분)를
만나게 되는데, 서현주와 황지우는 전생에 세 번, 부부 또는 연인으로 인
연을 맺었던 사이이다. 두 사람은 유년 시절 동일한 장소, 시간에서 발생
한 우연한 사고로 인해 무의식 상태에서 전생을 기억해낸다. 전생의 기억
은 이후 그들의 삶에 지배적인 트라우마로 작동된다. 전생에서 황지우는
본의 아니게, 여러 가지 상황에 의해 아내이자 연인이었던 서현주를 배신

했고, 서현주는 자신을 떠난 남편 또는 연인을 기다리며 순정적 사랑을 하는 여성이었다. 〈그놈이 그놈이다〉에서 전생은 서현주에게 결혼을 거부하는 트라우마로 작동되고, 비혼을 선택하게 된 원인과 연결된다. 전생이라는 판타지적 소재 활용은 이 드라마가 비혼이라는 주제를 선택한 현실적 이유를 모호하게 만드는 문제적 지점이라 할 수 있다. 하지만 왜 이 드라마가 '비혼'과 '전생'을 결합시키고 있는지에 대한 이유는 적극적으로 해석되어야 할 필요는 있다.

당당한 30대 여성 서현주의 '비혼 선언'의 장면에서 전생 서사로 이어지는 드라마의 흐름은 결혼에서 여성이 처하게 될 불리한 조건에 대한 거부감과 연결된다. 조선시대 유교 사회, 1930년대 식민지 시기, 1980년대 민주화 운동 시대라는 세 번의 전생을 겪는 동안, 서현주는 남성과 동등한 역할이나 권리를 지니지 못한 인물로 등장한다. 그녀는 공적인 일을 도모하는 데 집중하는 남편을 위해 자신의 재능을 바치거나, 공동체의 일원으로 사회적 일에 참여한다고 해도, 누군가의 연인 역할에 그치며 생을 마감했다. 비혼을 선택할 수밖에 없는 원인 중 하나로 설명되는 서현주의 전생 관련 서사는 드라마에서 무리한 전략적 장치임이 분명하다. 그럼에도 불구하고 결혼이라는 관습에서 제한된 여성의 역할과 사회적 억압을 단편적이나마 제시하고 있다는 점에서 의미를 발견할 수 있다.

하지만 〈그놈이 그놈이다〉의 전생 서사는 서현주의 비혼 선택에 대한 이유를 찾는 데 그치지 않는다는 점에서 문제적이다. 황지우와 서현주는 전생에서 현생으로 이어지는 운명적 사랑의 주인공으로, 서현주의 트라우마는 전생의 오해를 풀고, 진정한 사랑을 확인함으로써 극복될 수 있다. 이 과정에서 서현주가 비혼을 선택한 이유는 '자신의 삶에서 더 행복할 수 있다는 생각, 사회에서 당당하게 일하면서 살고 싶다는' 것에서 벗어나, '가슴 뛰는 사랑' 즉 진정한 사랑의 상대를 만나지 못했기 때문이라는 점을 결정적 원인으로 만든다. 결국 〈그놈이 그놈이다〉는 '비혼'의 사회적 정의조차 모호하게 만들며, 전통적 로맨스 드라마의 관습을 그대로 답습하는 결과에 이른다.

〈그놈이 그놈이다〉에서 '비혼'은 첫 회와 마지막 회에 드라마의 기획 의도를 반영하듯 교조적인 장면으로 연출 된다. 전생의 트라우마를 극복하고 진정한 사랑을 확인했음에도 결혼하지 않기로 결정한, 서현주는 황지우를 설득하여 자신의 비혼을 유지한다. 운명적 상대이자, 진정한 연인은 너무나도 쉽게 그녀의 말을 따르며, 결혼을 선택하지 않는다. 〈그놈이 그놈이다〉는 결혼을 선택하지 않은 비혼 커플의 탄생을 마지막으로 내세웠지만 낭만적 사랑이라는 판타지를 충족시키는 기존의 로맨스 드라마와의 큰 차이점은 발견되지 않는다. 전생이라는 운명적 만남을 로맨틱하게 다루는 동안, '비혼'이라는 현실적 문제나 갈등은 완벽한 상대를 통해 간단하게 사라지고 말았기 때문이다. 〈그놈이 그놈이다〉에서 비혼이 트렌드를 반영한 전략적 도구일 수밖에 없는 이유이다.

숨길 수 없는 정상가족에 대한 집착

〈오 마이 베이비〉(tvN, 노선재 극본, 남기훈 연출, 2020.5.13. ~ 2020.7.2.)의 주인공 장하리(장나라 분)는 육아 잡지 '더 베이비'에서 기자로 시작하여, 편집장으로 승진하며 자신의 일을 사랑하며 열정을 다하는 39세 여성이다. 장하리는 육아 잡지에 대한 애정을 넘어 아이에 대한 사랑도 남다르다. 장하리의 결핍은 육아 잡지 편집장의 위치에서 결혼하지 않은 여성으로 출산, 육아에 대한 경험이 전무하다는 것이다. 누구보다도 육아에 대한 지식이 풍부하고 아이와 관련된 애정이 넘치는 장하리가 회사와 구독자들에게 신뢰감을 얻지 못하는 현실적 갈등은 드라마 초반 자주 등장한다. 39세 결혼하지 않은 여성을 바라보는 사회적 편견은 육아 잡지 편집장 장하리와 연결되어, 적나라한 시선으로 재현된다. 삶의 체험을 통해 체득한 지식과 특정 분야에서 오랜 시간 갈고 닦는 직업 세계의 전문성은 동등하게 비교되기 힘들다. 드라마 〈오 마이 베이비〉에서 장하리가 자신의 경력과 실력을 증명해야 하는 과정은 39세 여성의 현실을 대변해준다. 남성도 아니고, 엄마도 아니어서 어떤 핑계도 댈 수 없는, 그래서 뭔가 끊임없는 설명들을 덧붙여야 믿어주는 40세를 앞둔, 결혼하지 않은 여성이 겪는 현실이다.

〈오 마이 베이비〉에서 장하리의 결핍은 그녀의 사회생활과 밀접하게 연관되어 있기에 중요한 문제이자 갈등이다. 장하리에게 결혼은 출산, 육아라는 결핍을 채워 줄 과정 중 하나이다. 드라마는 장하리가 결혼의 과정을 거치지 않고 임신, 출산을 선택하게 되고, 이를 통해 발생한 상황을 코믹하게 그려낸다. 장하리는 산부인과 검진에서 난임 진단을 받게 되고, 나이가 들어갈수록 임신 확률이 낮아진다는 사실을 듣게 된다. 이제 그녀에게 당연한 인생의 과정이라고 여겨졌던 결혼, 임신, 출산은 넘을 수 없는 산이 된다. 임신과 출산은 정상적 가족 형태가 지배적인 사회에서 충족될 수 없는 이유를 가진 사람들이나 가족에 대한 다른 가치관을 가진 사람들에게 불리하게 작동된다. 드라마 〈오 마이 베이비〉에서 난임 판정을 받은 장하리가 느낀 무력감은 결혼이 전제된 정상가족이라는 틀의 공고한 벽을 마주했기 때문일 것이다.

〈오 마이 베이비〉 포스터

〈오 마이 베이비〉는 장하리가 임신과 출산을 포기하지 않고 다른 방식의 삶을 선택하고 도전한다는 점에서 새롭다. 장하리는 결혼이라는 과정을 뛰어넘어, 정자를 공여받아 임신하는 체외수정 방법을 선택한다. 비혼 여성이 체외수정을 통해 임신을 계획한다는 에피소드를 적극적으로 제시하고 있다는 점에서 드라마 〈오 마이 베이비〉는 기존 로맨스 드라마의 전형성에 벗어나 있다. 하지만 〈오 마이 베이비〉의 낯섦은 파격적 이야기가 본격적으로 전개된 이후부터 전통적 로맨스 관습들과 결합함으로써 점차 익숙함으로 바뀌게 된다. 우선 드라마는 장하리가 정자를 공여받기 위해, 주변 남성을 관찰하면서 오해가 쌓이고 온라인을 통해 낯선 남자들과의 인터뷰를 시도하는 장면을 코믹한 상황으로 연출한다. 결국, 불법으로 정자를 거래하는 것으로 오해를 받고 언론에 보도되면서 비난의 대상이 되는 장하리의 고난의 과정에 대한 코믹한 서사는 드라마 초반부 비혼 출산에 대한 진지하고 현실적으로 접근하려는 방식과 거리가 있다. 장하리의 비혼 출산은 코믹한 에피소드로 지나치게 가볍게 활용된다는 점에서 문제이다. 이후 〈오 마이 베이비〉는 비혼 임신, 출산이라는 계획이 무산된 장하리와 세 명의 남성과의 로맨스 이야기로 전환된다. 결국 〈오 마이 베이비〉는 임신과 출산을 위해 결혼을 뛰어넘어 비혼 출산을 선택했던 장하리가 같은 직장의 신입사원 최강으뜸(정건주 분), 유년 시절 친구이자 동창인, 소아과 전문의 윤재영(박병은 분), 사진작가 한이상(고준 분)의 애정 공세에서 행복한 고민을 하는 로맨스 관습을 그대로 답습한다.

전통적 로맨스 드라마의 익숙한 법칙을 따르고 있는 〈오 마이 베이비〉가 그럼에도 불구하고 흥미로운 점은 장하리의 본격적인 로맨스를 그리는 과정 중에서 발견된다. 드라마 〈오 마이 베이비〉는 장하리가 프리랜서 사진작가 한이상과의 연인 관계로 발전하면서 본격적인 로맨스 서사를 이어간다. 이 드라마에서 연인이 된 장하리와 한이상 사이의 고난과 갈등은 다시 결혼이라는 현실적 조건과 관련된 문제 안에 놓이게 한다. 물론 로맨스 드라마에서 결혼이라는 결말에 이르기까지 방해 요인들을 배치하고 극복하는 과정을 제시하는 것은 일반적이다. 〈오 마이 베이비〉에서도 한이상과의 연애, 결혼이라는 과정을 통해 임신, 출산에 대한 꿈을 이루리라는 장하리의 기대는 고난의 상황을 맞는다. 장하리에게 난임이 큰 갈등이었던 것처럼 한이상 또한 난임 남성이라는 사실은 두 사람이 이루려고 하는 정상적 가족의 꿈을 멀어지게 한다.

난임에 대한 소재를 여성뿐 아니라 남성으로 확장하여 다루고 있다는 점에서 드라마 〈오 마이 베이비〉는 분명 변화하는 사회적 현실을 적극적으로 반영하고 있다. 이 드라마는 난임 커플뿐 아니라 홀로 아이를 키우는 싱글파파, 경력 단절녀, 육아를 전담하기 위해 퇴사를 결정한 여성 등 결혼과 관련하여 다양한 현실을 제시하려고 시도했다는 점에서도 의미가 있다. 하지만 몇 가지 문제들은 남아있다. 난임 커플이 문제를 풀어가는 방식은 지나치게 한 방향에 치우쳐 재현된다. 남성 난임에 대한 문제는 젠더 역할에 대한 고정 관념 속에서 단순한 결핍으로만 다뤄진다. 그러므로 드라마 〈오 마이 베이비〉에서 난임 커플의 문제는 현실적 접근에서 벗어나 있다. 이는 로맨스 드라마에서 사랑의 결합을 방해하는 장애 요인으로 작동되는 전략적 방법으로 읽힌다. 이 점은 〈오 마이 베이비〉에서 장하리, 한이상 커플이 서로의 결핍을 수용하고 사랑을 확인했음에도 불구하고 결혼하지 않은 상태로 동거생활을 선택한 결말을 제시하면서도, 에필로그는 장하리가 임신하여 출산하러 가는 장면을 삽입함으로써 드러난다. 드라마 〈오 마이 베이비〉는 비혼 출산, 비혼 동거 등 새로운 가족 형태를 지향하면서도 여전히 정상가족에서 완전히 벗어나지 못하는 한계를 보여준다.

비혼, 현실과의 거리감 좁히기

비혼을 적극적으로 다룬 대표적인 두 드라마는 결혼에 대한 인식의 변화를 포착하여 반영한 사례이다. 〈그놈이 그놈이다〉, 〈오 마이 베이비〉는 공고했던 정상가족의 이미지를 벗어나 다양한 가족 형태의 모습을 재현하려 시도했다는 점에서 의미를 가질 수 있다. 하지만 두 드라마 모두 로맨스 장르로, 기존의 전통적 로맨스 관습 안에서 '비혼'을 접근하고 있다는 점에서 아쉬움을 남긴다. 로맨스 문법에서 다루어진 '비혼'은 사랑의 완성을 위해 넘어야 할 고난의 도구에 그치며, 단순하게 문제를 풀어간다는 점에서 현실을 반영했다고 보기 힘들다. 비혼을 둘러싼 이해, 수용의 복잡한 과정들을 생략한 로맨스 드라마는 사랑의 위대성을 강조하는 또 다른 낭만적 서사에 그칠 가능성이 높다. 단지 '비혼'을 트렌드로 반영하여 전략적으로 수용하는 방식에 대한 철저한 고민이 필요하다.

〈검색어를 입력하세요 WWW〉 포스터

드라마 〈검색어를 입력하세요. WWW〉(tvN, 권도은 극본, 정지현·권영일 연출, 2019. 6. 5. ~2-19. 7. 25)에서 배타미(임수정 분), 박모건(장기용 분) 커플이 겪는 갈등은 비혼에 대한 문제를 현실적으로 접근하고 있다는 점에서 주목할 필요가 있다. 비혼을 선택한 배타미는 결혼을 하고 싶어 하는 박모건과의 가치관 차이를 인식하고 연애 시작 전부터 관계 지

속에 대해 망설인다. 드라마는 두 사람이 단지 망설이거나 서로의 다름을 숨긴 상태에서 로맨스를 이어가는 방식을 택하지 않는다. 결혼에 대한 생각이 전혀 다른 두 사람은 사랑을 시작하기 전, 사랑을 하면서도 이 문제와 솔직하게 대면한다. "나만 해명하고 있잖아. 지금 네가 결혼을 하고 싶어 하는 것은 해명할 필요도 없잖아. 근데 나는 결혼을 안 한다는 이유로 이렇게 많은 것을 해명하고 있잖아."[4]

박모건과의 다툼 중 배타미의 발언은 '비혼'에 대한 사회적 인식을 일정 부분 제시하는 것이라 할 수 있다. 결혼이 사랑하는 사람들 사이에서 자연스러운 과정이고, 법과 제도에 의해 보호받는 길이라고 생각하는 박모건에 비해, 배타미는 '비혼'을 선택한 자신에 대해 더 많은 해명을 해야 한다. 다양한 가족 형태의 탄생으로 결혼에 대한 인식들이 달라지고 있지만, 여전히 우리 사회에서 결혼이 바탕이 되는 정상가족은 우위를 점하고 있다. 그러므로 '비혼'은 두 사람 사이에 사랑을 이루기까지 현실적 문제와 맞닥뜨려야 하며, 수많은 갈등의 상황을 겪어야 할지 모른다. '비혼'이 단지 로맨스 드라마에서 낭만적 사랑에 대한 판타지를 만족시키는 방향으로 흘러가서는 안 되는 이유는 여기 있다.

4 〈검색어를 입력하세요 WWW〉(tvN) 11회

4장

당신은 '어떤' 집에서 살고 있나요?

류수연

오늘의 집

한국사회에서 집은 대단히 문제적이다. 그것은 우리 사회가 집을 삶의 터전이라는 그 본연의 가치가 아닌 경제적인 가치로만 평가하기 때문이다. 그래서 오랜 시간 동안 집은 하나의 자산이자 투자처로, 때때로 일확천금까지 노릴 수 있는 도박의 대상으로 인식되었다. 하지만 이것은 비단 부동산 공화국이라 불리는 한국사회에서만 일어나는 일은 아니다. 집을 '사는 곳'이 아닌 '파는 곳'으로 인식하는 것은 이미 전 세계적인 현상이기도 하다(모나 숄레, 『지금 살고 싶은 집에서 살고 있나요?』, 부키, 2019).

그럼에도 부정할 수 없는 것은 여전히 우리가 '집'에 살고 있다는 것이다. 따라서 집은 모순적인 가치를 내재하게 된다. 그것은 부를 축적하는 데 가장 용이한 자산으로 인식되는 동시에 인간이 사는 데 꼭 필요한 생존 조건이라는 이중의 가치 속에 놓여 있다. 필연적으로 정치의 대상이 될 수밖에 없는 것이다. 새로운 정부가 들어설 때마다 부동산 정책에 가장 신경을 쓰는 이유가 바로 여기에 있다.

〈바꿔줘! 홈즈〉 포스터

그런데 코로나19가 야기한 팬데믹은 아이러니컬하게도 이러한 집의 소용(所用)을 변화하게 만들었다. 사회적 거리두기로 인해 재택근무와 원격수업이 늘어나면서 집의 용도가 확장되었기 때문이다. 집과 관련된 프로그램의 증가나 관심만 해도 그러하다. 〈구해줘! 홈즈〉, 〈바꿔줘! 홈즈〉, 〈신박한 정리〉, 〈컴백홈〉, 〈서울엔 우리집이 없다〉, 〈판타집〉과 같은 프로그램들이 높은 화제성과 함께 안정적인 시청률을 확보할 수 있었던 이유 역시 이 같은 사회적인 맥락 위에 놓여 있다.

하지만 이것은 비단 새로운 것만은 아니다. 산업화 이전까지 집이라는 공간이 어떻게 사용되었는지를 상기해 보라. 집은 생활의 공간인 동시에 노동과 교육의 공간이기도 했다. 이런 점에서 본다면 코로나 이후 집의 기능 변화는 새로운 현상이라기보다 이전의 기능을 되찾은 것이라고 판단할 수도 있으리라.

그렇다면 이제 집은 본래의 가치를 회복한 것일까? 그 답은 쉽게 단정 내릴 수 없다. 사실 이것은 대단히 모순적인 질문이기 때문이다. 집의 기능과 집의 가치는 일면 유사한 듯 보이지만, 그대로 일치하는 것은 아니다. 더구나 집의 기능 변화를 확장으로 볼 것인지 퇴행으로 볼 것인지에 대해서는 아직 확실한 판단을 내리기 어렵다. 누군가에게 집은 과거보다 더 완벽한 공간이 되었을지 모르지만, 누군가에게 집은 이전보다 더 상대적 박탈감과 소외를 맛보게 만드는 공간이 되었을지도 모르기 때문이다. 오히려 팬데믹이라는 상황에서 보다 두드러지는 것은 그 균열이다.

계급이 되어버린 집, 그럼에도

3포 세대라는 우울한 용어와 함께 부각되고 있는 청년문제에 있어서도 주거문제는 청년들의 삶을 가장 힘들게 만드는 난제로 손꼽힌다. 청년 주거문제에 가장 적극적인 목소리를 내는 시민단체인 민달팽이유니온(민유)은 '대한민국의 부동산 경제는 청년들의 삶에 기생해서 성장해 왔고, 그로 인해 주거는 하나의 계급이 되었음을 역설한다.'(『프레시안』, 2021.7.2.) 민유의 주장대로 그동안 우리 사회의 청년문제는 집의 경제적 가치가 부풀려지는 시대적 상황과 맞물려 더 큰 위기로 치달아 왔다. 계간 『창작과비평』 2021년 봄호에 발표된 손원평의 「타인의 집」은 이러한 청년문제의 현재를 담아낸 작품이다. 특히 집이 오직 재산으로서만 평가되는 우리 사회의 모순 위에서, 이제 하나의 계급이 되어버린 주거문제를 짚어낸다.

이 소설의 배경이 되는 상소는 바로 셰어하우스이다. 셰어하우스 자체는 신조어이지만, 사실상 그 내용은 전혀 새롭지 않다. 일정한 돈을 내고 방을 빌려 타인의 집에서 함께 거주하는 '하숙'의 개념이 현대화된 것

계간 『창작과비평』 2021년 봄호

이기 때문이다. 주로 대학가 주변에서 성행했던 하숙 형태의 주거는 대학 기숙사의 증가와 사생활을 중시하는 문화의 확산 속에서 완전히 사라졌다. 그러나 도시의 주거비용이 천정부지로 치닫는 동안, 하숙은 셰어하우스라는 이름으로 재탄생되어 청년들의 주거문제에 대한 하나의 해법이자 낭만적인 주거공유의 형태로서 일종의 붐을 이루었다.

그 시발점은 아마도 tvN의 인기 시리즈 중 하나였던 〈응답하라 1994〉를 꼽아야 할 것 같다. 전국 각지에서 올라온 대학생들의 서울살이를 책임져 주었던 넉넉한 인심의 하숙집은 그 자체로 추억이나 낭만이 되었다. 그 바통을 이어받은 것은 JTBC의 〈청춘시대〉의 셰어하우스였다. 이 작품은 개성이 뚜렷한 5명의 여대생이 셰어하우스에서 모여 살면서 서로를 이해하고 보듬는 공동체로 거듭나는 과정을 흥미롭게 담아냈다. 이러한 드라마들은 모두, 주거공유가 가질 수 있는 가장 이상적인 모델을 제시하고 있는 것이다. 하지만 손원평의 「타인의 집」은 그 낭만성이라는 것이 얼마나 모순적이고 허구적인 것인지를 신랄하게 보여준다.

머릿속의 생각을 맺기도 전, 두 귀가 쫑긋 선다. 반갑지 않은 소리가 한순간 모든 걸 망쳐놓는다. 아무리 큰 소음 속에서도, 건반을 강타하는 임동혁의 역동적인 선율 속에서도 영혼을 조개는 도어록의 날 선 금속성 소리는 기어이 틈을 비집고 들어와 존재감을 과시한다.

나는 총성을 들은 한밤의 야생동물처럼 한달음에 달려 들어와

도어록이 해제되기 전 방문을 닫는 데 가까스로 성공한다.

(중략) 순식간에 내 공간은 집의 사분의 일만큼 줄어들었다.

– 「타인의 집」 220-221쪽.

이 집에 살게 된 후 내겐 다시 인생의 방향과 목표가 생겼다.

언젠가는 온전하게 이런 집에서 살고 싶다. 반의반만큼 접힌 집이 아닌,

나만을 위해, 내 가치만큼 존재해줄 집 말이다.

– 「타인의 집」 229쪽.

　　주인공인 '나'는 "애인과는 파토 나고 회사에선 잘리고 살던 집에선 월세 인상에 못 이겨 쫓겨"(224쪽)난 최악의 상황에서 쾌조가 운영하는 셰어하우스에 입주하게 된다. 그 집은 방 3개짜리 시내 아파트를 4명의 사람이 나누어 쓰는 구조로, 셰어호스트인 쾌조는 거실을 사용했다. 고시텔을 전전하며 살아왔던 '나'에게는 처음으로 '집'이라는 생활공간을 각인시켜 준 장소였다.

　　셰어하우스라는 주거공유모델이 보여줄 수 있는 이상적인 가치는 어쩌면 딱 거기까지였는지도 모른다. '집'에서 살고 있지만, 가장 사적이고 내밀한 공간을 누군가와 공유한다는 것은 어쩔 수 없는 갈등을 야기한다. '나'가 동거인들의 귀가에 예민하게 반응하면서 방으로 물러날 수밖에 없었던 이유가 거기에 있다. 어떤 이름을 붙인다 해도 그곳은 어쩔 수 없는 '1/n'로 가치가 축소된 공간일 수밖에 없는 것이다. 그럼에도 언젠가 꽉 찬 '1'의 공간을 꿈꾸게 만드는 것 역시 온전한 '집'에 대한 열망이었다.

-그냥 열심히 하는 거죠. 목표가 있으니까.

-목표요?

-네, 이런 집을 사는 거요.

그가 번들거리는 눈빛으로 말하는 순간 내 몸엔 가벼운 소름이 돋아났다. 그의 꿈을 누구보다 잘 이해하면서도 나는 그가 절대 목표를 이루지 못하리라고 확신했다. 그 확신은 동시에 나를 향한 자괴감으로 바뀌었다.

모든 게 쾌조라고 생각하는 사람도 해내지 못할 걸 나라고 이룰 수 있을까.

－「타인의 집」, 233쪽.

하지만 희망이 자괴감으로, 그리고 다시 절망으로 바뀌는 것 역시 찰나였다. 자신의 전셋집을 셰어하우스로 활용하는 한편 전업 주식투자자로 살아가는 쾌조의 꿈 역시 결국은 자신의 온전한 집을 가지는 것이었다. 그 꿈을 쟁취하기 위해 그가 선택한 방법은 자신만의 사적 공간을 포기하는 것이었다. '나'는 이러한 쾌조의 의지 속에서 역설적으로 자기 자신의 현재를 발견한다. 모든 것을 쾌조라고 믿으며 미래(집의 소유)를 위해 현재(사적 공간)를 포기하는 사람조차 해낼 수 없는 것. 그것이 바로 '집'이라면, 집은 이미 하나의 계급이 되었음이 분명해지는 순간이다. 그 집은 잠시 그들에게 '집'에 살고 있다는 착시를 주었지만, 결국 '나'와 쾌조 모두 타인의 집에

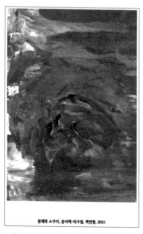

김채와 소쿠리, 종이에 아크릴, 혼연필, 2021

『문장웹진』 2021년 3월 커버스토리

서 잠시 머무르는 것에 불과한 존재였기 때문이다.

집을 둘러싼 문제적 상황은 단지 경제적인 것에만 머무르지 않는다. 오히려 더 큰 문제는 집이라는 공간이 주는 본질적인 안정이 무너졌을 때 시작된다. 집은 한 개인의 사생활과 안전을 보호해주는 가장 사적인 방어막으로서 작용한다. 그것이 무너졌을 때, 집은 때때로 더 큰 공포의 공간이 되기도 한다. 2021년 3월 1일 『문장웹진』에 실린 안보윤의 「바늘 끝에는 몇 개의 불행이」는 가장 내밀한 공간이 불안과 공포의 장소가 되는 현실을 담아내고 있다.

> 남자의 말은 하진을 공포에 질리게 만들기 충분했다. 하진은 자신의 집에
> 누구도 들여놓은 적이 없었다. 가족들조차 하진의 집 비밀번호를 몰랐다.
> 아니, 하진의 집 주소를 아는 사람 자체가 드물었다. 남자 역시
> 조교 신분을 남용해 하진의 개인정보를 뒤져 보지 않았다면 몰랐을 것이었다.
> 남자는 하진의 대학 선배이자 학과 조교였으나 하진에겐 그저 타인이었다.
> 하진은 행정 조교라는 직함 외에 그의 이름조차 몰랐다.
> 그런 남자가, 하진의 집 앞에서 불법 침입 혐의로 경찰에 붙잡힌 채
> 하진에게 '네가 궁금해서 그랬다'고 말하고 있었다.
>
> – 「바늘 끝에는 몇 개의 불행이」

하진은 자신의 집에 누군가 침입했다는 사실을 알게 된다. 가장 사적인 공간인 집이 더 이상 안전할 수 없다는 것은 하진을 극도의 공포로 몰아넣었지만, 법이 규정한 남자의 범죄는 그저 '주거무단침입'이다. 실제 법에서도 흉기를 동반하지 않은 한, 그리고 다른 구체적인 범죄에 연관되

지 않는 한, 무단침입이 주는 공포와는 별개로 처벌의 수위는 높지 않다. 그런데 하진이 목격한 현실은 훨씬 더 극악하다.

> 그래, 젊은 사람이 말이야. 진짜 이러면 안 되는 거야.
> 경찰이 남자를 다독이고, 남자가 경찰의 훈계에 고개를 끄덕이며
> 굽신대는 모습을 하진은 기가 막힌 채 바라보았다.
> 경찰이 왜 남자의 사랑을 대변하고 있는지 모를 일이었다.
> 게다가 남자는 왜 자신이 아닌 처음 보는 경찰에게 잘못을 고백하고
> 용서받고 있을까. 하진의 집에 불법 침입이 일어났고 하진이 신고해
> 범인을 잡았음에도 모든 처리 과정에서 정작 하진만이 배제된 느낌이었다.
> ― 「바늘 끝에는 몇 개의 불행이」

자신을 공포로 몰아놓은 가해자를 신고하고 잡았음에도 변화된 것은 없었다. 오히려 가해자인 남자와 경찰 사이에서 오가는 모든 처리 과정은 훈훈하고 다정하다. 자신의 잘못을 고백하는 가해자와 그를 용서하는 경찰. 그 사이에서 정작 피해의 당사자인 하진은 철저하고 배제되고 소외되어 있었다. 어쩌면 이것은 우리에게 익숙한 풍경인지도 모른다. 귀가하는 여성을 쫓아와 침입하려던 괴한이 훈방조치 되는 일이나, 반복되는 스토킹을 절절한 로맨스로 치부하는 일 같은 것. 살인이나 성범죄와 같은 강력범죄가 실제 발생하지 않는 한, 이런 것들은 모두 경범죄로 처리된다.

관련된 법이 만들어지면 달라질 수 있을까? 힘겹게 국회를 통과한 약칭 '스토킹처벌법'은 2021년 10월 21일부터 시행이 예정되어 있지만, 규정의 모호성과 반의사불벌죄가 삭제되지 않았다는 점에서 반쪽짜리 법

안이라는 말이 벌써 나오고 있다. 이것은 또 다른 현실의 하진들이 제대로 보호될 수 있을지는 여전히 미지수라는 의미이다.

> 하진이 눈을 번쩍 뜨자 엄마는 당황한 듯했다. 그러나 손을 떼진 않았다.
> 반사적으로 몸을 일으킨 엄마가 상체 힘을 실어 하진의 목을 눌렀다.
> 하진은 돼지소리를 내며 발버둥 쳤다. 정신없이 할퀴고 잡아 뜯느라
> 엄마 손이 아니라 자신의 목과 뺨이 피투성이가 되는 줄도 몰랐다.
> 이모가 뛰어 들어와 엄마를 끌어낼 때까지도 엄마는 양손을 앞으로
> 뻗고 있었다. 힘을 주느라 가운데로 한껏 몰린 눈코입이 튀어나올 듯 붉었다.
> 오 분, 어쩌면 삼 분도 되지 않을 시간이었다.
> 하진은 구역질을 하다 침대 아래로 떨어졌다.
> 침대 모서리에 코가 찍힌 다음에야 비로소 고통이 밀려들었다.
>
> – 「바늘 끝에는 몇 개의 불행이」

그런데 하진에게 집이 공포가 된 것은 이번이 처음은 아니었다. 때로 가장 가까운 존재인 가족이 집을 공포의 공간으로 만들기도 한다. 가장 내밀한 공간에서 이루어지는 폭력은 함부로 발설되지 않기에 오히려 더 큰 공포로 작동한다. 하진에게 그것은 엄마였다. 아빠의 가출 이후 엄마가 자신을 죽이려 했던 경험은, 그녀를 그 누구도 믿지 못하는 어른으로 성장시켰다. 세상 모두에게 자신만의 벽을 쌓는 것으로 스스로를 보호하고자 했던 것이다. 그래서 남자의 무단침입은 하진에게 내재되었던 공포를 일깨우는 도화선이 되고 만다.

그런 건 용서가 아니야.

하진은 엄마에게 말했다. 십 년이 지나고서야 겨우 말할 수 있었다.

엄마, 내 침묵은 용서가 아니야. 내 침묵은 나를 위한 거였어.

나를 지키기 위한 최소한의 방어가 지금까지는 침묵밖에 없었던 것뿐이야.

나는 계속, 계속. 하진이 호떡을 씹을 때마다 서걱서걱 소리가 났다.

나는 계속, 늘, 엄마가 두려웠어요. 정말이지 엄마가 끔찍했어.

— 「바늘 끝에는 몇 개의 불행이」

그러나 이미 공포와 불안의 공간이 된 집을 다시 '집'이 되게 만들 수 있는 동력 역시 아주 가까운 곳에서 자각된다. 하진이 남자의 침입을 알게 된 것은 이웃사람 때문이었다. 그녀가 집을 비운 낮 시간에 들려온 낯선 소리들. 그 소리를 지나치지 않았던 이웃의 존재는 바로 중학교 동창인 유영이었다. 전교에 딱 두 명 있던 특별상담 대상자. 그것이 바로 하진과 유영이었다.

— 나는 그때, 매일매일 기다렸어.

유영이 하진을 조심스레 떼어내며 말했다.

— 누가 나를 도와주기를, 누가 딱 반 뼘만 문을 열고 안을 들여다봐 주기를.

비명을 지르면 더 많이 맞으니까 베개에 얼굴을 처박고 매일 생각했어.

제발 누구라도, 아주 잠깐만이라도 나를 숨겨 달라고.

유영의 목소리가 읊조리듯 작아졌다. 하진에게서 몸을 빼낸 유영이

현관문을 열었다. 찬바람이 밀려들어 주위를 감싸고 있던 온기가

순식간에 사라졌다. 한낮인데도 복도는 어둡고 건조했다.

그럼 나도 같이 가. 하진이 다급히 몸을 일으켰다.

— 나는 금방 올 거야. 그러니까 너는.

유영이 장난스러운 얼굴을 지어 보이며 말했다.

— 다른 걸 떠올리고 있어. 오다기리 조 엉덩이 같은 거라도.

– 「바늘 끝에는 몇 개의 불행이」

유영으로 인해 하진은 자신을 옥죄던 공포와 불안에서 벗어날 뜻밖의 가능성을 자각한다. 그것은 바로 집을 '집'답게 만들어 주는 힘이다. 철근과 시멘트라는 물리적인 요소나 엄청난 가격으로 판단되는 경제적인 가치가 아니라, 서로의 위기를 함께 감지하고 때로 손을 내밀어 주는 신뢰와 연대 속에서만 집은 온전한 '집'으로서 기능할 수 있다. 이 점에서 본다면 어쩌면 오늘날 부동산 거품은 이 신뢰와 연대의 부재를 가격으로 지불하고 있는 것일지도 모른다.

우리는 '집'에서 살고 싶다

집은 토지 위에 사람이 들어가서 생활할 수 있도록 만든 건축물이지만, 그 의미는 그 이상이다. 그것은 한 사람의 생존과 안전, 더 나아가 인권의 문제까지 결합된다. 따라서 집을 부동산으로 취급하며 돈으로만 환산하는 것은 오히려 집의 가치를 지나치게 평가절하하는 것에 가깝다. 그럼에도 우리는 너무도 자주, 그리고 때로는 의도적으로 '그곳에 사람이 살고 있다.'를 것을 잊는다.

천정부지로 치솟은 집값만을 이야기하는 것이 아니다. 그것을 잡기 위해 쏟아지는 수많은 정책 속에서도 여전히 사회적 약자들에 대한 관심과 배려는 배제된다. 그린벨트를 해제하고 낙후지역을 개발해서 새로운 주거지를 형성하여 부동산 가격과 삶의 질을 확보한다는 '아름다운 비전'의 이면에는, 그곳에서 밀려날 사람들의 눈물이 자리한다.

집은 매우 복합적인 가치가 혼재된 대상이다. 그럼에도 우리는 기억해야 한다. 여전히 집은 누군가의 삶이 근간하는 생활의 장소라는 사실을 말이다. 바로 그 때문에 집은 언제나 가장 정치적으로 다루어져야 할 대상이지만, 동시에 정치적으로만 다룰 수 없는 생존과 복지의 마지노선인 것이다.

따라서 너무나 당연하게도 집의 본래 가치를 회복시키는 것은, 부동산 정책이나 근사한 인테리어 같은 것이 아니다. 보다 중요한 것은 한명한명의 개인을 위한 사회적 안전망을 확보하는 것이다. 실제로 가장 비싼 집의 가치는 치안과 생활 인프라의 구축에서 빛을 발한다. 하지만 이것은 그 자체로 모순이다. 그것은 부유한 사람들만 누려야 하는 전유물이 아니다. 사람이 살고 있는 모든 곳에 필수적으로 필요한 것이다.

국가가 관심을 두어야 할 것은 바로 이런 부분이다. 우리 국토의 어느 곳이라도 한 개인이 최소한의 생존과 안정된 생활을 누릴 수 있는 장소가 될 수 있게 만드는 행정과 입법. 그것이 임기응변의 부동산 정책보다 더 나은 삶을 만드는 힘이다. 그것이 확보될 때, 바로 그 지점에서 두터운 신뢰와 연대도 시작될 수 있다. 그때 비로소 우리는 '어떤' 집에서 살 것인지 제대로 꿈꿀 수 있을 것이다.

5장

우리는 모두 조금씩 이상하다
: <물고기로 죽기>와 다름의 상상력

양근애

다르지 않다, 그러나 평등하지 않다

이상한 일이다. 작년에 이어 올해 백상예술대상 연극 부문에서 나온 수상 소감에 '트랜스젠더'라는 단어가 정확한 의도를 가지고 발화되었음에도, 그 말이 언어 표상 너머 진실을 가리키고 있음이 분명한데도, 대중적 파장이 이토록 미미할 수가 있을까. 내가 미처 반응을 감지하지 못하는 것일 수도 있다는 생각에 포털 사이트 검색을 시도해보았다. 수상자가 발표되던 날 저녁과 다음 날까지 연극인 동료들의 가슴을 울린 수상 소감은 주요 일간지에 거의 언급되지 않았다. 유튜브 검색을 시도했다. 영화 부문에서 이준익 감독이 상을 받을 때 참석자들이 기립을 했는데 예능 부문에서 유재석이 대상을 받을 때에는 기립하지 않았다는, '예능 홀대 논란'에 관한 영상들이 조회수 백만을 넘어서고 있었다.

백상예술대상에 18년 만에 연극 부문이 부활한 지 올해로 3년째, 힘든 상황에서도 매해 의미 있는 작업을 이어온 배우, 연출가들이 수상하는 것을 보며 내심 뿌듯했었다. 특히 코로나19로 인해 공연이 중단되거나 객석이 반 이상 줄어든 상황에서 시청률에 준하는 관객수나 많은 사람들에게 회자되는 인기순이 아니라 동시대적 의제를 세심하게 다룬 작품들을 기억하는 심사위원들의 밝은 눈에 감탄하는 마음도 들었다. 그런데 올해는 좋으면서도 속이 상한다. 논란이 되지도 못하는 '연극 홀대'에 관한 볼멘소리를 하려는 것이 아니다. 카메라 세례에 익숙하지 않은 연극 부문 수상자들의 소감이 시상식의 관습적 분위기에서 나오는 기쁨과 감사의 소회를 이탈하는 듯한, 일종의 호소로 읽힐 수밖에 없는 어떤 맥락이 두드러져 보였기 때문이다. 이런 풍경은 결코 낯설지 않다. 모두를 향한 발화이지만 듣는 사람의 우선순위에 따라 선택적으로 수신되고 심지어 축소되고 왜곡되는 이야기들이 너무나 많은, 의사전달 불평등의 시대에 살고 있기 때문이다.

"안녕하세요. 〈우리는 농담이(아니)야〉를 연출한 구자혜라고 합니다.
이 자리에 나온 이유는 부끄럽지도 않고, 용기를 내고 싶어서입니다.
이 공연을 하면서 정말 많은 분들이 대단하다, 용기를 냈다고 말씀하셨는데요.
신념과 용기를 낸 사람은 이 공연의 대본을 쓴 이은용 작가입니다.
그는 본인을 생존하는 트렌스젠더 작가로 가시화하면서 객석에 앉아 있는
또 다른 트렌스젠더들의 삶에 마음을 기울일 줄 아는 사람이었습니다.
저는 연출로서 트렌스젠더 프라이드를 갖고 연출을 했고
배우분들은 선언이 연기가 될 수 있도록 발화의 개념을 고안하셨고
스태프분들은 이들의 말이 극장을 넘어갈 수 있도록 디자인하고
기술을 운용했습니다. 수어통역사와 음성해설 작가분은 이 연극이

더 많은 사람들에게 도달할 수 있도록 언어를 벼리는 작업을 했습니다.

연극 〈우리는 농담이(아니)야〉는 수상 여부와 상관없이 창작진들이 스스로

가치와 의미를 존중하는 소중하고 훌륭한 연극입니다. 왜냐하면

어떤 사람의 삶과 선택 이야기는 누군가의 승인이 필요 없기 때문입니다.

용기와 신념, 유머를 우리에게 건네준 은용과 함께 하겠습니다.

마지막으로, 어떤 사람의 존재는 누군가의 승인이 필요하지 않습니다.

어떤 사람의 삶을 감히 부정할 수 있다고 생각하는 사람들과

나중에, 라는 합리화로 혐오와 차별을 방관하는 정권이

부끄러워 하셨으면 좋겠습니다. 감사합니다."

〈우리는 농담이(아니)야〉로 제57회 백상예술대상에서 백상연극상을 받은 '여기는 당연히, 극장'의 구자혜 연출의 소감을 받아쓰면서, 한 마디 한 마디 힘주어 전달하는 그의 마음을 담아내기 어려운 글의 한계를 느낀다. "어떤 사람의 존재는 누군가의 승인이 필요하지 않다."라는 당연한 말을 뱉어내기까지 그동안 우리는 너무 많은 소중한 생명을 잃었다.

지난 3월 31일은 인권단체인 국제앰네스티에서 트랜스젠더의 정체성 자체를 기념하고자 2009년에 만든 '트랜스젠더 가시화의 날(International Transgender Day Of Visibility)'의 날이었다. 사진 속 문구처럼 퀴어는, 트랜스젠더는 어디에나 있다. 어디에나 있는 사람들이 숨어 있는 존재가 아니라 '가시화'되어야 한다는 역설은 한 달 새 한꺼번에 떠나보냈던 변희수 하사와 김기홍 활동가와 이은용 작가의 중단된 삶을 차마 애도할 수 없게 만든다. 그들의 귀한 생명을 앗아간 것은 다름 아닌 혐오와 차별이기 때문이다.

'한국군을 믿은 어느 여성의 죽음'[1]이라는 글은 변희수 하사의 마지막 결정이 결코 스스로의 선택이 아님을 드러낸다. 국가를 위해 일하고 싶었던 변희수 하사는 '젠더 디스포리아'를 겪으며 성확정수술을 결정했고 소속 대대의 지지를 받아 치료를 받았다. 주특기인 전차 조종 성적에서 대대 하사 중 유일하게 A를 받고, 공군참모총장상도 받았던 변희수 하사는 그러나 대한민국 군대에 의해 강제 전역 당한다. 끝까지 국가와 군대를 믿었지만 인권위의 결정을 무시한 육군으로부터 존재를 부정당하고, 생계까지 위협받게 된 그가 겪었을 외롭고 고된 싸움을 어찌 다 형언할 수 있을까.

동성애를 '찬반'의 도마 위에 놓고 성소수자를 보지 않을 권리를 입에 담는 정치인이 있는 세상에서 일상의 혐오와 차별을 떨쳐내기란 얼마나 어려운 일인가. 성소수자도 장애인도 이주민도 같은 세상에서 시공간을 점유하며 함께 살고 있다. 눈에 보이지 않는 것이 아니라 보지 않으려고 했을 뿐이다. 우리 사회는 인종, 성별, 성정체성, 신체조건(장애), 외모, 나이, 출신 국가, 민족, 지역, 언어, 피부색, 병력, 혼인 여부, 임신 또는 출산 여부, 가족 형태, 종교, 사상, 범죄전력, 학력 등이 다양한 사람들로 구성되어 있다. 이 다른 요인들 때문에 차별받지 않아야 한다는 것이 포괄적 차별금지법의 골자다. 우리는 모두 조금씩은 다르게 태어났지만, 누구나 기본적인 권리를 누리고 인간적인 존중을 받으면서 행복하게 살고 싶어한다는 점에서 다르지 않다. 그러나 그 사실은 자주 망각 되고,

1   박서윤 · 안치용 · 노수빈, 「한국군을 믿은 어느 여성의 죽음」, 《오마이뉴스》, 2021. 5. 10. http://www.ohmynews.com/NWS_Web/Series/series_premium_pg.aspx?CNTN_CD=A0002741809 2021. 9. 7. 확인.

더 많은 자본을 쥐고 태어난 사람의 죽음은 대대적인 추모의 대상으로 조명하면서 부당하게 차별당하거나 빈곤 속에서 최소한의 존엄을 박탈당한 죽음과 안전시설 미비로 인한 재해와 사회적 참사로 인한 죽음에 대한 애도는 시혜의 시선으로 치르는 기이한 불평등이 만연한 세상을 살고 있다. 다행히 아직 나에게 닥치지 않은 불행에 안도하며 살아갈 수 있을지는 몰라도, 실체 없는 정상성의 허구적 위계 하에 사는 한 대다수의 사람들은 늘 패배할 수밖에 없다. 더 많은 경제자본, 문화자본, 사회자본, 상징자본을 가진 자 앞에서 덜 가진 자들은 언제나 미달 된 삶을 살 수밖에 없기 때문이다. 누구나 자기 자신과 이격 되지 않고 스스로의 정체성을 승인하며 살 수 있어야 더 나은 삶을 꿈꿀 수 있다. 그것이 기본이다. 그러니 신체의 일부분이 기능을 하지 않는 상태는 치료나 회복의 대상으로 단순화될 수 없다. 성정체성은 고칠 수 있는 병이나 취향으로 호도될 수 없다. 더 많은 다양한 삶들이 가시화되고 더불어 사는 방법이 모색되지 않으면, 불평등이 기본이라고 승인하는 기울어진 세계를 살아갈 수밖에 없다. 불평등은 사회의 위험 신호다. 자유에 침식당한 평등은 민주주의의 근간을 위협한다.

　　민주주의의 역설을 고민하고 불평등과 차별의 문제를 해결할 의지가 있는 정치인은 소수지만, 남들과 다르다고 생각했던 자신이 자기와 이웃의 행복을 지향하는 똑같은 사람이라는 사실을 적극적으로 드러내고 자신을 사랑하는 일을 주저하지 않기로 결심한 소수자들이 많아지고 있다. 가족에게 레즈비언이라는 사실을 커밍아웃하고 외면당하지만, 허울뿐인 제도적 관계의 허점을 발랄하게 찌르며 동성 애인과 함께 하는 삶 속에서 "나는 아주아주 행복한 사람으로 죽을거야"라고 말하는 소설 속 주인공[2]

이 그랬다. 성적 정체성을 승인받기까지 겪는 괴로움과 고통에 할애되는 이야기가 아니라, 사랑받았던 기억을 간직하며 사랑하기 위해 살아가는, 우리와 다르지 않은 사람의 이야기가 거기 있었다. 이미 많이 보아온 이야기지만, 소수자의 일상과 욕망과 소망이 다르지 않다는 사실을 새삼 확인하고는 뭉클해졌다. 소설 속의 이야기만이 아니다.

'나'의 몸으로 살다가 죽는 일

〈물고기로 죽기〉를 본 날은, 세 명의 성소수자가 세상을 등진 뒤의 어느 날이었다. 그들을 성소수자라고 쓰고는 잠시 정신이 아득해졌다. 그들이 짧은 생을 마감할 때까지 성소수자로만 대표(representation)되는 자신의 삶을 넘어서고자 했다는 사실이 또렷해졌기 때문이다. 그들은 군인이고 작가고 교사이자 정치인이었다. 그렇지만 그들이 보여준 용기와 그들로 인해 넓혀진 지평과 그들을 통해 달라질 세상에 대해 이야기하려면, 성소수자라는 이 명명법을 경유하지 않을 수 없다. 대체 '성소수자'가 뭘까. 따옴표 속의 단어를 생경하게 바라보고 있으면, 이 복잡한 기분이 대체 '정상'이 뭘까를 생각할 때 생경해지는 심정과 멀지 않음을 알게 된다. 세상에는 너무나 다양한 몸과 생각과 환경과 생활방식과 성적지향과 취향과 가치관을 가진 사람들이 있어서 그런 규범적 테두리가 요령부득일 때가 많다. '장애인'라는 말도 마찬가지다. 대체 '정상'인 신체가 무엇

2 김지연, 「사랑하는 일」, 『언니밖에 없네』, 큐큐, 2020.

이기에, 얼마나 신체가 오작동해야 그런 이름을 붙일 수 있는 것일까.

'정상'의 범주로 상상된 사회적 이상에 의문을 던지고 중심을 바꾸는 흐름을 공부하면서, 지금은/아직은 비장애인이자 시스젠더 헤테로섹슈얼 여성인 나를 다양한 사람들 속에 배치하는 연습을 하고 있다. 다르게 배치된 나의 세계 속에는 다양한 이웃이 있다. 그들은 이성애자, 동성애자, 양성애자, 트렌스젠더, 장애인일지 또는 다 아닐지 모르지만, 학생이고 연구자이고 창작자이고 예술가이고 교사이고 활동가이고 그 이상이 되고자 한다. 무엇보다 고유성을 지닌 하나의 인간이고자 한다.

"사람은 몸 하나이거나, 생식기 하나이거나, 이름 하나이지 않습니다."〈물고기로 죽기〉는 생식기로 사람을 여성과 남성으로 판별하는 성별 이분법에 문제를 제기하는 것으로 시작한다. 누구나 물에서 태어난다. 태어난 몸으로 한 생을 살아간다. 그런데 죽을 때는 어떨까. 탄생과 죽음 사이에서 누군가가 자기의 존재 자체를 증명하는 데 한 생을 다 바쳐야 한다면, 그것은 이 세계의 비극이 아닐 수 없다.

〈물고기로 죽기〉는 MTF 트랜스젠더 소설가 김비의 자전적인 이야기를 바탕으로 한 공연이다. 이 공연이 성소수자의 나이 듦에 관한 이야기라는 소식을 들었을 때, 귀가 번쩍 뜨였다. 성소수자의 재현이 거의 정체성의 깨달음과 사회적 차별로만 대표 되었다는 자각이 들었기 때문이다. 누구나 자기 자신과 불화하는 시기를 지나면서 있는 그대로의 자신을 받아들이고 늙고 병들어가는 자기 몸을 끌어안고 살다가 죽기 마련이다. 이 말은 전혀 가혹하지 않다. 주어진 시간이나 순서는 다를지 몰라도, 누구나 죽음을 향해가고 있다는 사실은 변하지 않는다. 그렇지만 인간 존재가 겪는 다름없음은 평등함과는 다른 문제다. '자연사'하고 싶다는 말이 누군가에겐 지극한 소망일 수 있기 때문이다. 〈물고기로 죽기〉는 트랜스젠더의 퀴어성을 리드미컬하게 가시화하면서도 그 흔들림 너머, 인간의 늙음과 죽음에 질문을 던진다는 점에서 귀하고 오래 기억되어야 할 공연이다.

〈물고기로 죽기〉 - 원준혁 ⓒ연극연급 프로젝트

보늬가 껍질을 바라보듯

무대 위에 등장하는 인물은 둘, 아니 셋이다. 황순미, 양대은 배우가 한 몸처럼 꼭 붙어서 몸을 움직이는 것 외에도, 실제 사람보다 큰 형상을 한 수어통역사가 영상 안에서 분주하게 손을 움직인다. 최근 연극 안에 수어통역, 문자통역, 음성해설 등 배리어프리를 시도하는 사례가 많아졌지만, 〈물고기로 죽기〉의 수어통역은 공연에 부가되거나 추가된 배려의 차원이 아니라 공연의 중요한 한 요소로서 배우와 음악과 텍스트와 '함께'

움직였다. 한국농인LGBT설립준비위원회에서 활동하고 있는 수어통역사 김보석의 존재감은 이 공연이 퀴어성뿐만 아니라 장애의 문제까지 '가시화'하고 있다는 것을 전략적으로 잘 보여준다.

김비 작가가 연재하고 있는 '달려라 오십호(好)'에서 여성과 남성을 조합한 한자를 쓴 것처럼, 그리고 공연 포스터에 물고기 형상을 한 사람의 다리가 한쪽은 남성, 다른 한쪽은 여성으로 그려져 있었던 것처럼, 황순미 배우와 양대은 배우는 하나의 몸에 깃든 서로 다른 성을 의미하는 것 같기도 하고 하나의 몸 안에 있는 이질적인 요소를 의미하는 것 같기도 하다. 두 배우는 서로 어깨를 맞대거나 몸을 교차시키고, 앞서거니 뒤서거니 달리거나 등을 맞대고 앉으면서 신체적 행위를 만들어나가고, 한 사람 몫의 대사를 나누어 발화한다. "우린 왜 몸에 갇혀 사는 삶을 당연하게 받아들였을까요?" 두 사람이 무대 위를 뛰어다니며 몸으로부터 이탈했다가 돌아오면서 무대는 '사람의 장소'가 된다. 거부당하고 낙인찍힌 이상한 몸을 있는 그대로 드러내면서, 스스로 무엇이 되고 싶다는 욕망이 규범적 성보다 우선한다는 것을 증명하면서. 영상에는 형형색색의 염색체가 춤을 추고, 키라라가 만든 비트 넘치는 음악은 극장의 심장 박동을 크게 뛰게 만든다. 뿌리로부터 발바닥을 통해 올라와 몸통을 진동시키는, 살아있다는 이 생생한 느낌.

그러나 그들은 여성과 남성으로 나누어진다기보다 껍질 안에 들어 있는 속껍질, 혹은 하나의 자아 안에서 자라고 있는 여럿의 '나'들처럼 보이기도 한다. 보늬가 껍질을 들여다보듯, 사회적으로 드러나는 나라는 겉껍질을 들추고 난 후에 드러나는 내피를 마주할 때가 온 것이다. 몸의 문제와 정신의 문제는 다른 것이지만, 나라는 몸의 통합만큼이나 마음과 정신을 가진 나라는 존재가 통합된 자아로 느껴지지 않는 문제 역시 만만치 않다. 말하자면, 하나의 고정된 실체라고 상정되는 자아란 어쩌면 구름과도 같아서 가까이서 바라보면 그저 물의 입자일 뿐, 시시각각 모양이 바뀌기도 하고 바라보는 사람에 따라 특정한 형상으로 보이기도 하는, 유동적인 존재인 것이다.

성전환 수술 후, 드디어 자유로운 몸이 된 김비가 지프를 타고 전국을 여행한 이야기는 뭉클했다. 나로부터 벗어나 나를 만나는 그 자유를 아주 조금은 알 것 같았기 때문이다. 영상에는 김비가 찍은 시외버스터미널 사진이 여러 차례 지나갔다. "내가 원하는 나로 어디든 갈 수 있다"는 자각은 낯선 터미널에서 만난 자신에게 용기를 주었을 것이다. 그리고 문학, 김비가 써왔고 쓰고 있고 앞으로 쓰고 싶은 소설. 이 공연이 트랜스젠더로 환원되지 않는, 소설 쓰는 김비의 이야기로 나아가는 전개가 나는 너무 좋았다. "나는! 나를 쓰는 사람입니다! 나를! 지켜내기 위해, 빼앗기지 않기! 위해 쓰는 사람입니다!" 비명처럼 외치는 그 장면이 정말 좋았다. 주민번호 뒷자리 1을 쓰고 투고한 소설로 '여성동아' 장편 공모상을 받은 아이러니한 일화의 주인공인 그가, 네가 누구인지 증명하라는 무례한 질문을 향해 여전히 자기 글이 어디에 닿을 수 있을지 고민하는 작가로서 응답하며 나이 들어가는 것이 참 좋았다.

공연의 큰 얼개가 유서의 형식이라는 것을 알아차렸을 때, 그 잔인한 설정을 원망하는 마음이 든 것은 연이은 부고의 여파가 가시지 않은 까닭이었다. 그러나 파도 앞에서 더 크게 몸을 흔들며, 물살을 따라 자유롭게 헤엄치면서, 경계 없이 사랑하다가 물고기로 죽기를 택하고 다른 물고기들에게 감사의 인사를 전하는 그의 이야기에 끝내 설득되고 말았다. 그러니 우리 모두 "살아생전에 죽는 것은 금지"하기로, 누군가에게 판별되는 개체로서의 인간이 아니라 사회적 공동체 안에서 서로를 이해하는 사람이기를 포기하지 않기로 하자고, 극장 밖을 향해 나도 말하고 싶어졌다.

〈물고기로 죽기〉 - 원준혁 ©연극연급 프로젝트

우리는 모두 조금씩 이상하다

〈물고기로 죽기〉의 마지막은 객석에 앉아 있던 김비가 무대로 올라오면서, 그리고 수어통역사인 김보석이 그들과 함께 서면서 다시 개시된다. 김비에 의해 다시 한 번 발화되는 대사, "나는, 사람입니다. (…) 사람은 몸 하나이거나, 생식기 하나이거나, 이름 하나이지 않습니다."는 그 직접성에 의해 의미가 강화된다. 이 장면은 이야기 속 주인공을 직접 본다는 놀라움을 넘어 당사자성을 확장시킨다. 김비가 직접 무대 위에 등장하기 전까지 우리가 만난 것은 사실 김비의 몸이 아니라 두 배우의 몸이었다는 자각도 일어난다. 그러나 다양한 여러 개의 몸을 현시한 배우의 몸은 김비의 재현이나 대리물이 아니었다. 이 공연의 이야기는 김비로부터 나왔지만 트랜스젠더 혹은 퀴어를 넘어서는 힘을 가지고 있기 때문이다.

규범적이고 제도화된 성과 그렇지 않음을 구별하기 위해 나온 '퀴어'를 기꺼이 전유한 성소수자들처럼, 장애인을 비하하기 위해 쓴 말을 전유한 '크리핑(cripping)'의 전복적 상상력처럼, '정상성' 규범에 저항하고 중심의 공백을 질문하는 일은 아주 중요하다. 개인과 사회의 접면을 넓히고 다양성이 자유롭게 헤엄치는 사회를 만들기 위해서는 지금 우리가 만드는 문화가 곧 역사가 된다는 인식을 더 날카롭게 벼려야 한다. 다른 몸을 가지고 다른 인생을 살아온 사람과 이웃이 될 수 있다면, 당사자성이라는 말로 그들을 상대화하거나 타자화할 수 없을 것이다. 오히려 우리가 연결되어 있다는 것을 인식하게 되면, 나와 다른 이들과 공감대를 형성하고 함께 살아갈 수 있는 방법을 더 구체적으로 상상할 수 있지 않을까. 당사자성은 그렇게 확장될 수 있고, 그렇게 차별과 혐오는 사라질 수 있다고 믿는다.

나이가 들면서 신체의 기관이나 장기가 치료 여부와 무관하게 다른 상태가 되어간다고 느낀다. 여성과 남성이라는 고정된 성 역할로 살아지지도 않는다. 통치나 그 밖의 목적으로 만들어진 규범적 경계가 허술하다는 생각도 강해진다. 그런 의미에서 우리는 모두 조금씩 이상한(queer) 사람들이 아닐까. 사람마다 가지고 있는 고유성은 이상함의 다른 이름일지도 모른다. 각자의 방식으로 이상한 우리는 결국 모두 죽음 앞에 설 것이다. 그 마지막을 공연의 마지막처럼 즐거이, 두 손을 치켜들고 맞이하고 싶다. '퀴어(漁)' 만세!

6장

새로운 미래 선언
: 어떤 세대가 정상이었는가

이혜진

새로운 미래 선언
: 어떤 세대가 정상이었는가

이혜진

권위의 실패냐 세대의 충돌이냐

어느 시대나 세대 격차를 둘러싼 논쟁이 그치지 않은 적이 없었지만 현대의 세계화와 정보화를 이끈 테크놀로지의 발달은 그 어느 시대보다 더 격렬한 세대 논쟁을 불러일으키고 있는 것처럼 보인다. 이렇게 우리 시대의 독특한 세대 격차를 야기한 원인에는 유무형의 다양한 경험들이 지목될 수 있겠지만, 그 무엇보다 가장 큰 역할을 한 것은 바로 스마트폰이라고 할 수 있을 것이다. 1991년 월드 와이드 웹(World Wide Web)이 등장하고 1994년 넷스케이프(Netscape)가 광역 서비스를 시작하면서 출발한 '인터넷의 시대'에 이어 2007년 스티브 잡스가 출시한 아이폰이 '모바일 시대'를 가져오면서부터 이른바 MZ세대는 게임·영상·SNS을 통해 시공간을 초월하여 타인과 만나고 가상세계에서 자신의 일상과 정서를 공유함으로써 현실세계와의 거리두기가 가능했기 때문이다. 이러한 현상은 MZ세대가 현실세계에서보다 가상세계에서 할 수 있는 일이 훨씬 더 많아졌다는 것을 의미하며, 그런 라이프 스타일이 지속되면서 그들의 감각과 정서는 이제 스마트폰에 최적화된 상태로 자리 잡았다는 사실을 여실히 보여준다.

이러한 상황은 그 동안 인류의 지성사를 담당해왔던 전문가와 기성세대의 권위가 일거에 붕괴되었다는 사실의 승인과 궤를 같이 하는 것이기도 하다. 왜냐하면 모바일 세대는 상호 참여·공유·개방의 풍조를 수용하는 집단지성을 중시하면서 지식과 정보를 받아들이는 미디어 플랫폼을 완전히 바꿔버렸기 때문이다. 플랫폼이 바뀌었다는 것은 곧 생활양식과 정신세계의 형성 과정이 과거와는 완전히 달라졌다는 것을 뜻한다. 모바일 세대는 육하원칙에 따라 정돈된 뉴스 매체나 신문기사가 아니라 페이스북·인스타그램·트위터와 같이 자신과 직간접적으로 관계를 맺고 있는 사람들이 제공하는 정보를 통해 세상을 이해하면서 자신의 행동규범을 결정하기 때문이다.

현실세계에서 직면하게 되는 지루함이나 내가 겪고 있는 현실의 비루함보다는 가상의 게임세계에서 경험하는 놀이 행위가 훨씬 더 흥미롭기 때문에 그들은 언제나 새롭고 다양한 사물 인터넷(IoT; Internet of Thing)에 집착한다. 이런 모바일 세대에게 전문가나 기성세대가 제시하는 정보는 그저 재미없고 촌스러우며 심지어 비현실적인 견해의 일종으로 치부된다. 이러한 상황은 기성세대들을 자주 당혹케 하지만 조금만 더 깊이 생각해보면 이토록 잦은 충격과 경탄을 안겨주면서 극심한 세대 격차를 유발시킨 모바일 세대의 등장이란 이제 겨우 십여 년의 시간을 경과해왔을 뿐이다. 그런 점에서 현재 우리 시대가 경험하고 있는 이런 독특한 세대 격차에 대해 탄식만 하고 있다면 어쩌면 그것은 시기상조일지도 모른다.

로큰롤 세대의 기원

로큰롤의 제왕 엘비스 프레슬리

이렇게 당혹스러운 세대 격차에 대한 기성세대의 개탄이 처음으로 심각한 사회 문제로 부상하기 시작한 것은 2차 대전 직후의 일이다. 흥미롭게도 이러한 경향은 대중음악계에서 특히 두드러지게 나타났는데, 가령 1955년 미국에서 로큰롤 사운드의 개막과 함께 탄생한 '로큰롤 세대'의 등장은 기성의 관습과 행동규범 일체를 낡고 재미없고 억압적인 것으로 치부하면서 재빨리 깨부수어야 할 가치로 만들어버렸다. 1950년대의 미국은 매카시즘으로 대표되는 냉전 이데올로기의 경직된 사회 풍조 속에서 경제적 풍요를 실현해가는 가운데 백인 중산층의 보수적 가치관이 고수되고 있었다. 그런 기성세대에 확산되어 있었던 빅 밴드 스윙재즈의 리듬은 전후에 이르러 낡은 사운드와 냉전의 억압적인 사회 정서가 투영되면서 신세대들에게는 지리멸렬하고 재미없는 세대의 장벽으로 치부되었다. 즉 1950년대 전후 미국에서 탄생한 로큰롤이 강렬한 비트와 야릇한 가창법으로 엉덩이를 마구 흔들어대는 과잉 흥분을 미학으로 삼았던 것은 과거에는 결코 존재하지 않았던 그야말로 '새로운 것'에 대한 즐거움과 스릴에서 오는 만족감 때문이었다.

2차 대전 중에 유행했던 빅 밴드 스윙의 올드한 사운드에 완전히 등을 돌려버린 청년들은 술과 마약과 육체적 쾌락을 즐기고 흥겨운 리듬에 맞춰 정신없이 엉덩이를 흔들어댔다. 출세와 교육, 도덕과 종교적 삶을 강조하는 전통적 백인 중산층의 라이프 스타일을 거부하고 반체제적 개인주의 성향을 보였던 로큰롤 청년들은 가죽 재킷과 청바지를 입고 길거리에서 '잭 다니엘'을 병째로 들이키며 자신들이 구축한 '로큰롤 라이프 스타일'에 몸을 맡겼다. 흑인의 것이라면 뭐든 저속하고 음란한 것으로 간주되었던 당시 격렬한 비트가 가미된 흑인의 리듬앤블루스와 백인의 컨트리 음악이 뒤섞인 로큰롤에 빠져들면서 비행을 일삼았던 비트 세대(Beat Generation)는 이러한 배경에서 등장했다. 이후 이들은 냉전체제가 보여준 힘의 질서와 기성세대를 잠식한 권위주의적 지배문화에 대항하는 이른바 1960년대의 반문화운동(counter culture)을 주도했다.

냉전 미국 사회에 만연된 고뇌를 상징하는 청춘의 아이콘 제임스 딘이 그랬듯이, 비트 세대가 전후 소비주의의 열풍 속에서 모터사이클 여행을 하고 자유로운 섹스를 즐기며 음탕한 춤을 추면서 위악과 냉소의 태도로 기성의 금지된 질서에 도전하게 된 배경은 헌법이 보장하는 행복추구란 것이 기껏해야 세속적인 출세와 성공에 도달하기 위한 수단으로서의 순응적 태도를 강요하는 것일 뿐이라는 깨달음에 이르렀기 때문이었다. 하지만 전후 자본주의 세계의 패권을 거머쥔 미국 사회가 강요하는 순응의 미덕에 의탁해봤자 기대할 수 있을 만한 신념이나 가치는 그 어디에서도 발견할 수 없었으며 그러면 그럴수록 미래에 대한 희망은 손에 넣을 수 없는 신기루처럼 보였다. 비트 세대라는 용어가 '사회적 루저(beaten)' 혹은 '빠르고 강한 박자(beat)'라는 뜻과 함께 '더할 나위 없는 행복(beatific)'의 의미를 모두 함축하고 있는 것은 바로 이러한 세대적 특징을 반영한 것이다.

2차 대전의 영웅 아이젠하워가 집권한 1950년대의 미국은 소련 공산주의의 팽창을 저지하기 위해 원자폭탄보다 더 강력한 수소폭탄 개발을 추진하고 매카시즘에 의한 사상 통제를 강요하는 한편 소득 재분배를 통해 국민의 경제적 격차를 축소시키면서 풍요로운 소비사회를 만들어내고 있었다. 당시 미국 경제는 전례 없는 대호황을 누리면서 급격한 대중 소비사회가 형성되고 있었지만, 남북전쟁이 끝난 지 100년이 가까웠음에도 짐 크로우법(Jim Crow Law)에 의거한 흑인과 백인의 분리정책은 사라지지 않았고 대다수 흑인 가정의 경제 수준도 나아질 것이 없었다.

이때 백인 주류 사회에 섞일 수 없었던 흑인들은 자연스럽게 자신들만의 독특한 표현방식을 만들어내면서 소비사회에 침투할 수 있을 만한 대중적 성공을 기다리고 있었다. 그들은 먼저 흑인 특유의 '블루스'에 리듬을 붙이고(리듬 앤 블루스), 전통 재즈 스타일인 '부기우기(boogie-woogie)'를 열정적인 '리듬 앤 블루스'와 결합시켰다. 여기에 백인의 음악으로 간주되는 경쾌한 '컨트리 뮤직'에 흑인의 '블루스'를 결합시켜 자신들만의 유희를 즐기며 섹스에 대해 음탕하고 노골적으로 이야기했다. 성적 쾌락을 암시하는 춤과 흑인의 원색적 어휘, 그리고 빠르고 강한 비트로 구성된 이 로큰롤은 당시 백인 청년들에게도 매우 신선하고 위트 있는 도발적 매력으로 어필되었다. 지금까지 들어본 적이 없었던 로큰롤 뮤직이 세상에 등장하자마자 흑인이건 백인이건 할 것 없이 당시의 모든 청년들이 열광하며 카타르시스를 느꼈다.

그런 점에서 1950년대에 등장한 로큰롤 뮤직은 흑인과 백인, 세속과 신성을 가로막았던 미국 사회의 주류에 만연되어 있었던 기성의 통념을 붕괴시키는 결과를 촉발했다고 할 수 있다. 그뿐만 아니라 사람들에게 잠재되어 있던 춤에 대한 열정을 폭발적으로 이끌어내면서 수많은 청년들의 감성을 사로잡았다. 그 때문에 기성세대들은 남녀의 육체적·성적 쾌락을 암시하는 부비부비 로큰롤 뮤직을 저속하고 불경하며 부도덕한 것이라고 비난했다. 하지만 사후적으로 볼 때 로큰롤 뮤직은 지금까지 가장 완벽하고 안전한 세계로 간주되었던 미국 사회를 단박에 흔들어버린 소비대중으로서의 청년 파워를 보여준 문화적 계기로 기록되었다. 당시 자연스럽게 인종적 단일성을 강조하고 있었던 미국 대중음악 산업계의 불문율을 깨뜨려버렸기 때문이다. 이런 사태를 백인 기성세대가 쉽사리 이해할 수 있을 리는 만무했다. 종교음악인 가스펠을 흑인음악인 블루스로 바꿔 부르는 것만으로도 그들에게는 곧 신성모독이었으니까.

리처드 브룩스 감독의 영화 〈Blackboard Jungle〉(1955)에서 학생이 교사를 위협하는 장면

로큰롤의 창시자 빌 헤일리의 〈Rock Around the Clock〉(1956)

미치광이들의 광기냐, 완전히 새로운 것의 창조냐

로큰롤이 세대 간의 격차를 크게 벌려놓은 음악이라는 사실을 깨닫게 한 것은 1955년에 개봉한 영화 〈폭력 교실(Blackboard Jungle)〉의 삽입곡이었던 빌 헤일리의 〈Rock Around The Clock〉이 전 세계에서 초대박을 친 사건이었다. 난데없이 등장한 이 젊은 사운드는 당시 미국 차트 연속 8주 넘버원 기록을 세우면서 단박에 최초의 10대 청소년들의 찬가로 부상했다. 가죽 재킷에 청바지를 입은 10대 비행 청소년들이 자동차와 모터사이클을 타고 도로를 질주하고 나이프로 교사를 위협하면서 갖은 범죄에 가담하는 영화의 많은 장면들은 당시 미국의 기성 사회에 큰 충격을 던져주었다. 어른들은 너무 놀라 입을 다물지 못했다. 이 영화에 삽입된 강력한 비트와 왜곡된 사운드에 맞춰 엉덩이를 마구 흔들어대는 로큰롤 뮤직이 당시의 어른들에게는 마치 미치광이들의 집단 광기처럼 보였다. 하지만 과거 부모 세대가 전유했던 스윙재즈 일색의 고루함을 일거에 날려버릴 듯한 단순하고 명료한 사운드는 지금까지 존재하지 않았던 완전히 새로운 것의 탄생이자 세계의 질서를 유지해주었던 완고한 규칙에 대한 파괴를 상징했다. 1950년대 미국의 청년문화에서 출발한 이 엄청난 변화의 바람은 새로운 상상력과 스타일 그리고 자유와 반항에 열광하며 서구 전체를 휩쓸었다.

백인의 컨트리 음악과 흑인의 리듬 앤 블루스를 결합한 로큰롤 뮤직을 처음 들은 당시의 청년들은 단 몇 초만 듣고도 사운드에 한 방 얻어맞은 느낌을 받았다고 한다. 흑인 가수 척 베리는 블루스 사운드를 전형적인 로큰롤 리듬으로 변형시킨 〈메이 블린(Maybellene)〉(1955)을 부르며 비트에 맞춰 두 다리를 흔들어댔고, 백인 가수 엘비스 프레슬리는 흑인 창법으로 〈하운드 독(Hound Dog)〉(1956)을 부르며 골반을 음탕하게 흔들어댔다. 그동안 대중음악 씬에서 인종적 단일성이 자연스러운 흐름이었다면 이제 더 이상 흑인 음악과 백인 음악의 구별은 사라져버린 것이다. 블루스 음반을 몽땅 사들이는 백인 청소년들은 음반시장의 '봉'이 되었고, 컨트리 음악에 블루스를 결합한 스타일의 노래를 불러대는 엘비스 프레슬리는 백인들도 엉덩이를 흔들며 춤출 수 있는 리듬을 만드는 상업적 잠재력을 발휘하면서 로큰롤 음반시장을 폭발적으로 확대시켜갔다.

이러한 로큰롤 뮤직의 외설성은 백인 청소년들을 흑인 문화권으로 이끄는 중요한 수단이 되었다. 마치 1970년대 후반 흑인 빈민가의 청소년들이 만든 힙합 뮤직이 현재 국경과 인종을 불문하고 전 세계의 청년들을 사로잡은 것처럼 말이다. 단정한 스탠더드 팝을 우아한 톤으로 불렀던

프랭크 시나트라가 로큰롤을 가리켜 '지구를 범죄로 물들일 전쟁 같은 음악'이라고 폄하하면서 경멸을 감추지 않았던 일화나, 1992년 '서태지와 아이들'이 바닥에 질질 끌리는 펑퍼짐한 바지를 입고 처음으로 한국에 갱스터랩을 선보였을 때 선배 뮤지션들이 가사와 리듬이 없는 이상한 음악이라고 폄하했었던 것처럼 어느 시대에나 기성세대는 신세대의 사고방식이나 행동양식을 온전히 이해하기가 쉽지 않다. 언제나 신세대가 보여주는 표현방식은 아직 도래하지 않은 미래 세계의 일이기 때문이다. 즉 기성세대에게 신세대의 새로운 문화 양식이 마치 미치광이들의 집단 광기나 신성모독처럼 보이는 이유는 지금까지 존재한 적이 없었던 미래의 사태를 갑작스럽게 현실에서 마주치게 된 당혹감에서 기인한다. 신세대가 가져온 새로움이 우리의 미래에 보다 더 나은 삶을 가져다 줄 것인가의 문제와는 별개로 말이다.

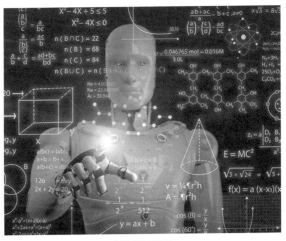

AI와 인간의 미래

미래에 대한 공포와 희망

2016년 '세기의 대결'로 불렸던 이세돌 9단과 알파고의 대국 결과는 인간에게 인공지능의 상용화가 야기하게 될 불안과 공포감을 가져다주었다. 인간과 인공지능이 서로 경쟁관계에 놓이게 될 미래 사회에는 결국 인간이 패배하리라는 예측을 기정사실화 해준 사건이었기 때문이다. 이미 수많은 소설과 영화들은 미래의 첨단 테크놀로지가 인류에게 디스토피아를 가져다 줄 것이라는 예상적 구상을 보여주고 있다. 하지만 4차 산업혁명이 테크노 네트워크의 양적·질적 변화가 가져올 변혁을 예측하는 개념인 것처럼, 도래할 미래가 반드시 디스토피아일 것이라고 속단할 필요는 없다. 지금까지 인간은 예측할 수 없는 미래뿐만 아니라 갑작스럽게 직면하게 된 새로운 것들에 대해 공포와 거부의 감정으로 대응하려 했지만 시간이 지나면 과거의 역사로 수용하는 데 익숙해져 있기 때문이다. 더욱이 우리는 이미 '구글 어스 프로젝트(Google Earth Project)' 덕분에 도로 정보를 예측할 수 있고 GPS를 통해 내비게이션과 우버·카카오택시 서비스를 편리하게 이용하고 있으며, 또 각자의 필요에 따라 여러 사람이 함께 나눠 쓰는 공유경제 방식을 수평적으로 이용함으로써 자원 활용을 극대화하고 있다. 또한 하루에도 몇 번씩 현실-일상세계와 가상-증강현실을 넘나드는 일에도 이미 익숙해져 있다.

MZ세대의 청년들이 현실세계에 몸담고 있으면서도 가상공간인 비트세계(bit world)에 몰입하는 가장 중요한 이유는 거기서 보고 듣고 경험해야 할 일들이 훨씬 더 많아졌기 때문이다. 잘 알려져 있다시피 비트세계에서는 현실과 완전히 다른 경제 패러다임이 통용된다. 게다가 가상

세계는 동시다발적으로 수많은 사건이 일어나고 그것을 실시간으로 대면해야 하기 때문에 현실세계에서 경험할 법한 지루함 따위란 존재하지 않는다. 즉 MZ세대들은 기성세대와는 반대로 비트세계에서 구한 정보를 현실세계로 가져온다. 비트세계에서는 친구들과 만나서 노는 것이 가능하고 또 직장 동료들과 진지한 회의를 진행할 수도 있으며 심지어 전 세계의 사람들과 동시다발적으로 만나 상호 소통할 수도 있다. 침대에서조차 스마트폰을 손에서 떼놓지 못하는 데는 시간과 상관없이 비트세계에서 해야만 하는 일들이 그만큼 많다는 것을 뜻한다. 기성세대들은 이해하기 어려울 수도 있겠지만, 실제로 많은 청소년들이 현실세계보다 가상세계에서 더 평온함을 느끼기도 하며 가상세계에서만 만날 수 있는 친구를 가장 절친하다고 생각하는 경우도 많다. 그런 만큼 MZ세대들은 앞으로 증강현실이 강화된 스마트 기기들을 훨씬 더 많이 필요로 할 것이며 거기에 필요한 기술이나 아이템이 있다면 아낌없이 투자할 것이다.

우리가 보다 중요하게 생각해 보아야 할 것은 가상세계와 현실세계를 연결하는 생산자와 소비자의 역할이 우리 삶 전반의 양식을 근본적으로 변화시켜갈 전 지구적 비전이다. 특히 여기서 심각하게 고민해야 할 사안은 보다 더 강화된 첨단 테크놀로지의 소유 방식이 야기하게 될 기술 계급 사회에서 벌어지게 될 문제다. 미래에는 첨단 테크놀로지를 사용하는 데 익숙한 사람과 그렇지 못한 사람이 겪게 될 불평등한 상황이 새로운 형태의 계급 사회를 초래하게 될 가능성이 높기 때문이다. 즉 앞으로 우리의 삶은 시시각각 끊임없는 업데이트의 상황에 놓이게 될 것이며, 그것이 자연스럽지 않은 처지에 놓이게 된다면 체념하고 불편한 생활을 감수하거나 또 다른 경쟁 사회에서 스스로 도태될 것이다. 이미 우리는 사회의 양극화에 따른 불평등을 경험하고 있으며, 또 그런 상황을 자력으로 바꿀 수 있는 계층 이동이 불가능해진 사회에서 살아가는 극심한 고통을 경험한 바 있다.

그럼에도 아직 도래하지 않은 미래적 선언이라 할 수 있는 4차 산업혁명을 주도해갈 신세대들은 첨단 테크놀로지의 활성화가 야기할 미래의 계급 사회에 대한 두려움을 갖지 않는다. 그들은 희망 없는 삶을 영위하면서도 현실세계에 적응하려고 애쓰기보다는 일상적으로 업데이트를 할 준비가 되어 있기 때문이다. 그들은 기성세대가 구축한 질서의 부조리에 항거하여 현실세계에서 촛불을 들고 불평등한 사회 문제에 대항하기 위해 가상세계에서 적극적으로 대결하며 과학기술을 명쾌하게 이해함으로써 편리함과 효율성을 추구하고 능숙하게 현실세계와 가상세계를 수평적으로 연결하면서 인간 생활 전반에 근본적인 변화를 일으키고 있다. 이런 관점에서 볼 때 인류의 역사를 통틀어 진정으로 견고한 경계와 규칙을 허물면서 변화와 혁신을 추구해온 유일한 세대는 언제나 청년들이었는지도 모른다.

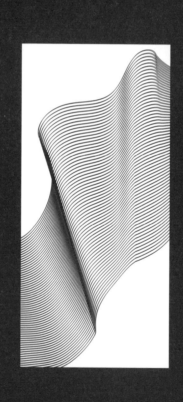

제2부

경계와 빗금을 응시하는

7장

특별한 존재 되기
: 다양한 (비)장애 그림책을 통한 다른 시선

김시아(KIM Sun nyeo)

"나는 장애인이 불쌍하다고 생각했어.

그랬던 내가 그 불쌍한 장애인들 속으로 떨어졌으니

인생이 비참해 죽을 것 같았는데, 그때 태수가 왔지.

그런데 그 장애인이 사람으로 보이는 거야.

불쌍한 장애인이 아니라 그냥 사람.

태수는 나한테 새로운 세계를 보게 해줬지. 충격적으로"[1]

　　홍은전이 쓴 『그냥, 사람』에 나오는 이야기다. 노들야학 교사였던 그
는 "장애해방운동 열사 정태수의 생애를 기록하고 있다"며 노들 야학을
만든 정태수와 야학 교장 박경석의 만남과 우정, 정태수를 통한 박경석의
변화를 이야기한다. 『그냥, 사람』을 통해 박"경석은 장애인 이동권 투쟁을

1　홍은전, 『그냥, 사람』, 봄날의 책, 2020, 216쪽

일으킨 사람이자 전국장애인차별철폐연대를 조직한 사람"이라는 것도 알게 되었다.

장애인을 장애인으로 바라보지 않고 그냥 사람으로 바라보는 『그냥, 사람』을 쓴 저자의 시선과 책 제목이 좋다. '장애와 비장애'라는 이분법적인 시선이 아니라 차별받고 고통받는 사람들의 용기와 삶에 대한 태도와 변화를 생생하게 그려내서 더욱 뭉클하다. 진정성 있는 글은 이렇게 함께한 사람의 목소리를 통해 들을 때 생생하게 잘 들리는 법이다.

『그냥, 사람』을 더 읽어 보면 장애인들의 투쟁 역사는 생각했던 것 이상으로 처절하다.

> "1984년 휠체어를 탔던 지체장애인 김순석은
> 거리에 턱을 없애 달라는 유서를 쓰고 자결했고,
> 1995년 장애인 노점상 이덕인은 철거에 맞서 저항하던 어느 날
> 변사체로 발견되었으며, 2001년 국민 기초생활 보장법 수급자 최옥란은
> 최저생계비 현실화를 요구하며 싸우다 음독을 시도했다."[2]

장애인들이 죽음으로 투쟁하는 사회. 신체적 불편함이 있다고 해서 용기가 없는 것은 아니다. 귀 기울여 듣지 않는 정부와 장애의 경험을 모르는 비장애인을 대상으로 사회를 바꾸기 위한 '그냥 사람'들의 목소리는 처절하다. 그런데도 우리 사회는 몸이 불편하다는 이유로 사람들을 손쉽게 시설에 가두어 사회로부터 격리하고 목소리를 차단한다. '그냥 사람'들이 잘 안 보이는 이유다. 사회적이고 문화적인 아비투스가 비장애인

2 같은 책, 217쪽

들에게 '그냥 사람'들과 함께 살아가는 경험을 주지 않는다. 비장애인들이 인간적인 경험과 기회를 얻지 못하는 경우가 많아 배려할 줄 모르는 사회적 인간으로 교육하는 것은 공교육의 문제이다. 우리는 우리 사회의 사회적·문화적 아비투스가 '악의 평범성'을 조장하는 것은 아닌지 생각해 볼 필요가 있다. 차별과 혐오가 만연한 사회에서 비장애인이 비인간화되는 걸 막을 방법은 없을까? 나는 '모두를 위한 그림책' 매체를 통해서 쉽게 '모두가 함께 사는 법'을 배우기를 제언한다.

평범하지 않은 사람 되기: 『아나톨의 작은 냄비』

"아나톨은 작은 냄비를 달그락달그락 끌고 다녀요.

어느 날 갑자기 냄비가 머리 위로 떨어졌어요.

하지만 왜 그랬는지 아무도 몰라요. 냄비 때문에 아나톨은

평범한 아이가 될 수 없었어요. 아나톨은 사랑이 많이 필요한 아이예요.

가끔 사람들이 불편해할 때도 있지요.

아나톨은 아주 상냥한 아이예요. 그림도 아주 잘 그리고요.

아나톨은 음악을 사랑하는 아이예요. 잘하는 게 아주 많은 아이죠.

하지만 사람들은 자꾸 냄비만 쳐다봐요. 냄비가 이상하대요."[3]

이자벨 카리에가 쓰고 그린 『아나톨의 작은 냄비』에서 빨간 냄비는

---

3 이자벨 카리에, 『아나톨의 작은 냄비』, 권지현 옮김, 씨드북, 2014, 쪽번호 없음.

'장애'를 시각화한 알레고리다. 냄비를 가진 아나톨은 평범한 아이가 되려고 남들보다 두 배나 더 노력해야 하는 아이다. 냄비가 없어졌으면 하고 바래도 냄비는 몸에서 떨어지지 않고, 냄비 때문에 아무것도 할 수 없어 숨어버리니 사람들은 아나톨을 조금씩 잊어버리고 말을 걸지 않는다. 그러다 '평범하지 않은 사람'을 만난다. "그 사람은 아나톨이 냄비를 가지고 살아가는 방법을 알려"준다. 평범하지 않은 사람은 "아나톨이 무엇을 잘하는지 가르쳐" 주고, 아이의 재능을 발견하고 "냄비를 넣을 수 있는 가방도 만들어" 준다.

작가 Isabelle Carrier

다운증후군을 앓는 딸을 키우는 작가 이자벨 카리에는 자신의 육아 경험을 통해 '장애'에 대한 타인의 시선과 아이의 좌절감과 극복을 간결한 그림체로 쉽게 형상화했다. '사다리' 모티프를 통해 아이의 성장 욕구와 좌절하는 모습도 동시에 보여준다. 그림을 보면 아나톨이 만나는 '평범하지 않은 사람'도 사실은 작은 냄비를 주머니에 넣고 다니는 사람이다. 하지만 냄비의 크기와는 상관없이 냄비를 가진 사람은 냄비를 가진 아이가 일상에서 겪는 불편함을 안다. '평범하지 않은 사람' 덕분에 아나톨은 "친구들과 마음껏 뛰어놀 수" 있는 아이가 된다. 그런데도 "아나톨은 예전과 똑같은 아나톨"이라고 이야기를 들려주는 화자는 말한다. 이렇게 삶에서 만나는 장애를 잘 이해하고 매 순간 어떻게 해야 할지 경험을 알려주고 해결할 힘을 가르쳐 주는 사람을 만나는 자체가 아나톨에게 소중한 기회다.

이 기회가 모두에게 돌아갈 수 있도록 하는 것은 공교육의 역할이다. 공교육은 경쟁에서 이기는 교육에 중점을 두는 것이 아니라 어떻게 서로 존중하고 배려하며 살 것인가를 배우도록 환경과 여건을 마련해야 한다. 학교가 그런 역할을 해야 하는데 우리나라의 학교는 차이를 인정하고 서로를 존중하는 공동체 교육이 부족하다. 그럴 때, 우리는 대안으로 공존하는 삶을 알려주는 모두가 함께 볼 수 있는 그림책을 펼치자.

작아도 예술가 되기 : 『완두』[4]

다비드 칼리가 쓰고 세바스티앙 무랭이 그린 작은 그림책 『완두』는 완두콩처럼 몸집이 작은 아이 '완두'의 이야기다. "인형 친구들의 신발을" 빌려 신을 정도로 몸집이 작은 완두의 잠자리는 사각 성냥갑이고 때론 고양이 등에서도 잔다. 하지만 "레슬링도 하고", "높은 곳에도 척척 올라"가

---

4 다비드 칼리 글, 세바스티앙 무랭 그림, 『완두』, 이주영 옮김, 진선아이, 2018

고, "아슬아슬 줄타기도"하고, "자동차 운전도 좋아"한다. 또한, 숲을 탐험하고 산책도 하며 물놀이도 즐기고 연잎 위에 누워 "우주는 얼마나 클까 하고 상상의 나래를 펼"친다. 하지만 완두는 학교에 다니게 되면서 "자신이 너무 작다는 것을" 깨닫는다. "의자에 앉아도 몸이 너무 작았고, 리코더를 연주하기에도, 운동을 하기에도 너무 작았"다. "쉬는 시간에도 완두는 늘 혼자"였다. 그래서 "완두는 종일 그림을 그리면서 시간을 보냈"다. 어른이 된 완두는 여전히 작지만 직접 지은 예쁜 집에서 토마토도 기르며 산다. 그리고 매일 아침 자동차를 몰고 일하러 가는데 "바로 우표를 그리는 일"을 한다. 이야기는 "작아도, 아주 작아도 위대한 예술가가 될 수 있"다고 끝을 맺는데 왼손엔 자신의 키 두 배가 넘는 연필을 쥐고 오른손에 고양이가 그려진 우표를 들고 있다.

Davide Cali, Sebastien Mourrain

신체가 작아도, "나중에 커서 무엇이 될까?" 걱정하는 선생님의 '측은지심(側隱之心)'적인 시선에도 불구하고 완두는 자신의 얼굴 크기만 한 우표를 그리는 예술가가 되었다. 이야기와 그림은 과장법과 크기의 대조를 통해 몸집이 비정상적으로 작은 완두가 모든 어려움에도 불구하고 자신이 잘할 수 있는 그림 그리기로 꿈을 이루는 성장 서사를 이야기한다. 사실 완두는 몸이 작을 뿐이지 신체적으로 장애가 있는 것은 아니다. 사회가 만들어 놓은 표준과 기준에 다다르지 못하는 몸이 수많은 장애물을 만나는 것이다. 거리에 턱을 없애 달라고 했던 김순석처럼 개인의 공간이 아닌 학교 같은 공공건물과 거리에서 수많은 장애물을 만난다. 키가 유난히 작은 완두에게나 휠체어를 타는 사람에게 계단 몇 개는 아주 큰 장벽이다. 공간의 접근성을 위해 엘리베이터를 설치하고 거리의 턱을 없애는 것은 비장애인에게도 필요한 시설이다.

　　몸이 아프거나 어느 날 사고를 당해 장애인이 될 경우를 대비해서라도 장애인을 배려하는 관점에서 심사숙고하여 거리와 건물을 조성하면 모두에게 이로울 수 있다. 타인을 불쌍히 여겨 베푸는 선심이 아니라 독자는 '완두'가 되어, '장애인'이 되어 상황을 인지하는 시선이 필요하다. 이러한 점은 토미 웅게러가 쓰고 그린 『모자』[5]를 보며 시각의 전환을 통해 다르게 보는 법을 배울 수도 있다.

시선을 전환하기 : 『모자』

　　토미 웅게러의 드로잉과 그림책엔 상이군인과 안면 부상자 모티프가 종종 등장한다. 그림책 『모자』에선 아예 상이군인이 주인공이 된다. "가난하고 불쌍한 늙은 병사" 바도글리오는 나무로 만든 의족과 목발로 걸으며 안 표지에 등장한다. 주인공은 행운의 모자 덕분에 화분이 떨어지는 위험에서 부자 여행객을 구한 대가로 "지폐와 아주 값비싼" 시계를 받는다. 또한 동물원에서 탈출한 "자홍색을 띤 도가머리닭" 에스메랄다를 모자의 도

5　토미 웅게러, 『모자』, 진정미 옮김, 시공사, 2002.

움으로 산 채로 잡은 덕분에 상금을 받고, 모자에 어울리는 멋진 옷을 사입는다. 이어 나무다리에 은 바퀴를 달고 '멋진 신사'로 변신한다. 나무 목발을 한 상이군인에서 바퀴 달린 신사로 변신한 주인공은 유모차에 불이 붙어 위험에 빠진 아기도 구하고 '영웅적인 행동'을 하여 공주도 만나게 되고 신문에 난 '유명한 영웅'이 되며 훈장을 받고 "성안의 비상사태를 해결하는 장관 자리에 임명"된다. 그리고 공주와 사랑에 빠져 결혼하게 된다. 어른들의 낭만적인 로맨스로 끝나는 이 그림책은 아이들보다 어른에게 더 적합한 이야기라 할 수 있다.

Tomi Ungerer

세계대전이 끝나고 전쟁의 피해자인 상이군인은 현실에서 영웅 대접을 받지 못했다. 불구의 몸과 상처 난 얼굴은 혐오와 두려움의 대상이었다. 작가는 『모자』에서 이러한 시선을 완전히 전복시킨다. 목발 대신 바퀴를 달아서 '불쌍한 장애인'이 아니라 거의 '사이보그' 전 단계의 특별한 캐릭터를 구현한다. 불쌍하다는 동정적인 시선이 아니라 상이군인 바도글리오에게 바퀴 덕분에 빨리 달릴 수 있는 특별한 존재로 부각함으로써 독자의 시선을 전환한다. 이렇게 '장애'를 장애로 바라보지 않고 '특별한 존재'로 변신시키며 독자에게 등장인물에 대해 자연스럽게 다르게 보도록 한다.

김지혜의 『선량한 차별주의자』[6]에서는 장애인을 향한 "희망을 가지

세요."라는 표현도 모욕적인 표현에 해당한다고 한다. 김초엽과 김원영 두 작가의 글이 교차하는 『사이보그가 되다』를 읽다 보니 그 말을 이해할 수 있는 사례가 나온다. 김초엽 작가가 했던 인터뷰 기사에 달린 댓글을 본 후 작가 스스로 느낀 당혹감을 고백한다.

> "'불쌍해. 그래도 언젠가 청력을 회복할 기술이 나올 거예요.'
> 아마도 사람들은 비극적인 현실에 처한 장애인들이
> '언젠가는……'이라는 희망을 품고 살아가기를 바라는 마음으로
> 그런 말을 건네는 듯하다. 듣는 입장에서는 조금 당혹스럽기도 하다.
> 이러다 할머니가 될 때까지 '언젠가는……' 하는 위로를 들으면 어떡하지?
> 나쁜 의도라고 생각하지는 않는다.'"[7]

누군가를 불쌍히 여기는 측은지심(惻隱之心)이 나쁘지는 않지만, 그 마음이 비장애인이 장애인을 향한 동정심과 수직적인 시선이 아닌가 점검해봐야 한다. 우리는 그저 조금씩 다르게 태어났을 뿐이다. 정상과 비정상, 장애와 비장애, 완전함과 불완전함이라는 이분법적 구조 속에서 사회는 다수를 '정상'이라고 보고 소수를 '비정상'으로 보는 편견이 지배적이다. 과연 '정상'의 기준은 무엇일까?

마음으로 듣기 : 『나는 강물처럼 말해요』

6 김지혜의 『선량한 차별주의자』, 창비, 2019.
7 김원영, 김초엽, 『사이보그가 되다』, 사계절, 2021, 65쪽.

"말을 더듬는 사람들은 다른 방식으로 말해요.

단순히 말을 더듬는다고 말해 버리기 힘든 면이 있어요.

단어와 소리와 몸을 가지고 겉으로는 잘 드러나지 않는

복잡한 노동을 하는 셈이거든요. 내가 말을 더듬는 것은

나만의 행위이기도 하지만, 그날 유창하게 말하지 못한 여러 입이 만들어 낸

거대한 흐름의 일부이기도 해요. 식당에서 음식을 주문하거나,

날씨 이야기를 가볍게 주고받거나, 사랑하는 이들에게 말을 건네는

그런 순간들이 모여 이루어진 흐름 말이에요. 말을 더듬으면서 나는 누군가와

깊이 연결되어 있다는 느낌을 받는 동시에 철저히 혼자라고 느끼기도 해요.

말을 더듬는 건 두려움이 따르는 일이지만 아름다운 일이에요.

물론 나도 가끔은 아무 걱정 없이 말하고 싶어요. 우아하게, 세련되게,

당신이 유창하다고 느끼는 그런 방식으로요. 그러나 그건 내가 아니에요."[8]

캐나다 시인 조던 스콧이 그림책 『나는 강물처럼 말해요』에서 이야기를 끝내고 들려준 말이다. 어릴 적, 발표를 망치고 속상해하는 조던을 강가로 데려가 함께 걸으며 아빠가 해 준 이야기. 울고 싶을 때마다 떠올린다. "나는 강물처럼 말한다." "말하기 싫을 때마다" 떠올린다. "나는 강물처럼 말한다." "말하기 어려울 때"마다 "당당한 강물을" 생각하며 아빠가 해 준 말을 떠올리고 "학교에 가서 발표 시간에 내가 세상에서 가장 좋아하는 곳에 대해서 말했어요"라며 강에 대해 말한다. 그리고 "강물처럼 말해요."라며 이야기화자 '나'는 말을 끝맺는다.

나도 프랑스에서 공부하는 동안, 수없이 말을 더듬으며 프랑스 사람들과 대화를 했었던 경험이 있다. 모국어를 잘해도 외국어를 배울 때 더

듬기 마련이다. 내게 친구로 다가온 사람들은 더듬거리는 나의 언어에 집중하지 않았다. '나' 자신과 내가 가지고 있는 문화를 교류하며 우리는 우정을 쌓아갔다. 외국에서 오랫동안 외국어를 쓰면 모국어도 쉽게 잊힌다. 모든 외국인은 외국어를 더듬거리며 배워간다. 하지만 언어가 아닌 사람에게 집중해야 그 사람이 온전히 보인다.

Jordan Scott, Sydney Smith

    그림책에서 주인공이 "아이들은 내가 저희들처럼 말하지 않는다는 것에만 귀를 기울여요. 아이들은 내 얼굴이 얼마나 이상해지는지만 봐요. 내가 얼마나 겁을 먹는지만 봐요.", "그 많은 눈이 내 입술이 뒤틀리고 일그러지는 걸 지켜보았어요. 그 많은 입이 키득거리며 비웃었어요."라며 슬퍼할 때, 아이를 위로하는 아빠의 말, 어른의 말은 아이에게 수없이 많은 좌절을 딛고 일어날 힘을 준다. 시적으로 말한 비유가 평화를 안겨준다. 단 한 문장이 울고 싶을 때마다 지속해서 힘을 준다. 시드니 스미스가 그린 강물의 평화로운 물결과 빛 속에서 독자도 함께 평화를 마주한다. 강물의 시청각 이미지가 어느덧 반짝인다.

    조던 스콧의 어린 시절 이야기에 독자가 쉽게 감정 이입되는 이유는 어쩌면 시드니 스미스의 그림 덕분이다. 주인공의 얼굴이 그림 작가를 닮았는데, 글 작가의 이야기에 완전히 동화된 일러스트레이터는 어느덧 어린 조던이 되고 강물이 된다. 걱정하던 주인공이 강물 앞에서 평온한 마음이 될 때 눈을 감고 강물의 "물거품이 일고 굽이치다가 소용돌이치고 부디"치는 소리를 듣는다. 시드니 스미스는 강물의 소리를 귀담아듣는 눈 감은 소년의 얼굴을 카메라가 가까이에서 촬영하듯 클로즈업하여 그렸다. 『나는 강물처럼 말해요』에서 가장 절정인 이 장면에서 독자는 소년의 내면과 마주한다. 소년의 얼굴이 크게 그려진 페이지에서 독자의 손 동작은 습관처럼 오른쪽 페이지를 왼쪽으로 넘기는 게 아니라 두 손으로 게이트 폴드(접어 넣은 양면 페이지)로 제작된 왼쪽과 오른쪽 페이지를 밖으로 동시에 열어젖혀 네 면에 펼쳐진 드넓은 강물 속에 서 있는 소년의 등을 본다. 드넓은 강물은 아버지의 품과 같다. "아빠는 말했어요. 내가 강물처럼 말한다고." 시적인 이 문장의 힘에 압도되는 동시에 가장 아름다운 순간에 독자는 주인공에게 완전히 동화된다. 다른 아이와의 비교나 비난이 아니라 자연에 대한 비유를 통해 아버지는 아들을 위로한다. 독자의 다른 몸짓이 요구되는 이 장면을 그리기 위해, 시드니 스미스는 스무 번이나 다시 그렸다고 한다. 햇빛에 빛나는 강물의 웅얼거림이 들리는 것 같다. 마음에 드는 장면을 그리기 위해 반복해서 다시 그리는 몸짓도 어쩌면 창작을 향한 '더듬는' 몸짓이라고도 할 수 있다.

　말을 더듬는 걸 아이의 언어장애로 바라보는 것이 아니라 아이의 고유함으로 바라본 아버지의 시선과 시적인 말의 힘으로 어린 조던 스콧은 커서 시인이 된다. 시인은 인터뷰에서 '말 더듬기'라는 몸짓은 더듬거리며 말할 때 단어를 느끼는 흥미로운 감정이라고 말한다. 시드니 스미스도 이 그림책의 메시지를 '고유함을 간직하는 것'으로 보았다. 언어장애가 아닌 우리가 일상에서 마주하는 실수를 경험한 일로 바라본다. 많은 사람 앞에서 떨리고 불안한 감정은 모두가 느껴보았을 감정이다.

팬데믹 상황이 지속되는 상황과 급변하는 포스트 코로나 환경에서, 불안에 떨고 있는 부모를 지켜보며 아이가 위로를 줄 수도 있다. 누군가 불안하고 실수할 때, 우리는 지켜봐 주고 기다려 주는 힘이 있는가? 이 그림책을 통해 나는 "아침마다 낱말의 소리"를 듣는 아이를 만난다. 강물처럼 말하는 아이와 마주한다. 어느덧 막막한 두려움은 사라진다. 썼다 지웠다 하는 문장도 어느새 짧은 글이 된다.

경계를 넘는 상상하기 : 『물이 되는 꿈』 [9]

　　루시드 폴이 노래하고 이수지가 그린 아코디언 그림책은 꿈을 펼치듯 물을 따라 계속 펼쳐 읽는 그림책이다. 이야기의 시작 면에 수영을 배우는 도구들과 더불어 휠체어가 놓여 있다. 글에서는 주인공이 장애를 가졌다는 말을 발화하지 않는다. 설명하지 않는다. 그저 "물, 물이 되는 꿈, 물이 되는 꿈, 물이 되는 꿈"이라는 반복적인 텍스트라 주인공과 더불어 물속에 떠 있는 것처럼 보인다. 그는 어느덧 "강이 되는 꿈"과 "바다가 되는 꿈"과 "파도가 되는 꿈"과 함께 헤엄을 치고 논다. 파란 물감의 '물'의 이미지는 어느덧 별이 되고, 달이 되고, 새가 되는 꿈을 꾼다. 물과 물아일체(物我一體) 되는 꿈속에서 이미지와 이미지의 경계가 없다. 페이지와 페이지 사이에 경계가 없이 드넓은 페이지 공간이 펼쳐진다. 몸이 불편해도 누군가의 도움으로 수영을 하고 꿈을 펼치며 신체적 장애는 장애

---

　　9 루시드 폴 노래, 이수지 그림, 『물이 되는 꿈』, 청어람아이, 2020.

가 되지 않는 것을 볼 수 있다.

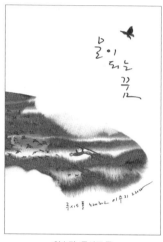

이수지, 루시드 폴

사회가 만든 수없는 경계와 문턱을 부수기 위해, 포용하는 시선을 가지기 위해, 다양한 장애를 다르게 생각해 볼 수 있는 그림책을 살펴보았다. 우리 사회는 장애인과 비장애인의 경계가 심한 전근대적인 요소가 많이 남아있는 사회다. 많은 장애인이 시설에 격리되어 비인간적인 삶을 살고 있고 비장애인들은 비인간화되며 경쟁의 논리 속에서 점점 '좀비'가 되어 살아간다.

질 들뢰즈가 말한 '되기'. '장애인 되기'라는 체험을 통해 과거의 사회가 규정한 '정상'이라는 작은 알을 깨고 새롭게 바라보기 위해 쉽게 간접 체험을 할 수 있는 그림책을 펼치자. 새로운 사람이 되기 위해 새롭게 쓴 그림책을 보자.

8장

우리의 성장은 정상에서 벗어나는 일

이주라

폭력의 시대, 성장의 드라마

우리에게 성장이란 어떤 의미일
까. 근대 교양소설로 대표되는 성장의
서사는 가출과 모험 그리고 회귀라는
모티프의 조합으로 이루어져 있다. 괴
테의 소설 『빌헬름 마이스터의 수업시
대』에서 상인의 아들 빌헬름이 연극배
우가 되겠다는 꿈을 안고 고향을 떠나
유랑극단을 따라 공연을 하다가 아버

〈스캄 프랑스〉 포스터

지의 죽음으로 유산을 상속받으면서 다시 고향으로 돌아오듯이 말이다.
그런데 우리에게 이 성장의 서사는 꽤 냉소적으로 해석되고 있는 듯하다.
집 떠나봐야 고생, 나가봐야 별 것 없다, 결국 아버지 재산이 있으니 잠깐

모험을 즐기다 돌아온 거지, 라는 식의 이해가 주조를 이룬다.

　이처럼 우리에게 성장의 서사는 보수적 현실에 대한 체념과 수용이라는 의미로 받아들여진다. 소위 어른이라는 사람들은, 10대와 20대에 반항해 봐야 정착할 때가 되면 타락한 세상과 타협할 수밖에 없다고 항상 말한다. 이때의 성장은 옳지 않은 세상의 질서를 받아들이는 행동이다. 혐오와 배제와 차별이 만연한 세상에서, 내가 살아남기 위해서는 혐오와 배제와 차별을 어쩔 수 없이 받아들여야 한다는 것에 동의한다는 의미이다. 치열한 경쟁 속에서 어떻게 해서든 살아남는 법을 체득한 이들에게는 그 과정의 정당성에 관계없는 칭찬이 부여된다. 너 어른이 되었구나. 그런데 우리의 성장은 이렇게 타락한 세상을 그대로 받아들이기만 하는 일일까. 2015년부터 전 세계적으로 인기를 얻고 있는 유럽권의 청소년 드라마 〈스캄〉은 우리의 성장에 대한 새로운 방향을 제시하고 있다.

　〈스캄Skam〉은 노르웨이어로 '부끄러움(shame)'이라는 뜻이다. 〈스캄〉은 2015년에서 2017년까지 노르웨이 텔레비전 NRK에서 방영되었다. 영국 드라마 〈스킨스Skins〉의 계보를 잇는다고 평가받는 이 드라마[1]는 한국으로 치면 '하이틴드라마' 계보에 위치할 수 있는 작품이다. 이 드라마는 방영 이후 전 유럽, 더 나아가 서구권의 십대들을 매혹시켰고, 당연하게도 〈스캄〉의 판권은 유럽의 여러 나라로 팔렸다. 프랑스(〈Skam France〉), 이탈리아(〈Skam Italia〉), 독일(〈Druck〉), 벨기에(〈wtFOCK〉), 미국(〈Skam Austin〉), 네덜란드(〈Skam NL〉), 스페인(〈Skam Espana〉)에서 〈스캄〉의 리메이크 작을 만들었다. (원작과 리메

1　Wikipédia의 Skam France/Belgique 항목 참조.
　https://fr.wikipedia.org/wiki/Skam_France/Belgique

이크작 모두는 〈All of Skam〉이라는 사이트에 가면 볼 수 있다. 안타깝
게도 영어 자막으로 봐야 한다.)

　원작 〈스캄〉의 열풍은 십대들의 취향을 형식과 내용 면에서 모두 잘
반영하고 있기 때문이다. 먼저 형식적으로도 〈스캄〉은 흥미로운 제작 방
식을 사용하였다. 우선, 〈스캄〉은 SNS 실시간 라이브 방송과 유사한 현
장감과 속도감을 보여준다. 드라마는 실제 고등학생들의 일상생활 리듬
을 그대로 따라가며 촬영되며, 촬영 즉시 클립 영상이 온라인으로 공개된
다. 배경이 되는 고등학교에서 월요일 아침 8시 57분에 일어나는 일, 수
요일 점심 12시 36분에 일어나는 일, 그리고 방과 후 금요일 저녁 19시
43분에 파티장에서 일어나는 일을 실제 그 시간에 그 장소에서 찍는다.
즉, 극중의 모든 시간은 실제 배우들이 연기하는 시간과 일치한다. 이 드
라마 제작은 실제 고등학교에서 해당 시간에 가서 촬영을 한 것이다. 그
리고 무엇보다 중요한 것은, 그렇게 시간별로 촬영한 짧은 영상을 촬영
직후 클립 영상으로 만들어서 온라인에 게시하여, 텔레비전으로 방영되
기 전에 애청자들이 실시간으로 드라마의 사건을 따라갈 수 있게 만들었
다는 것이다. 그리고 다음으로, 이 작품은 SNS를 통해 시청자가 드라마
의 인물과 직접 소통하도록 하였다. 제작진은 드라마에 등장하는 인물들
의 SNS를 실제 계정을 만들어서, 드라마가 진행되는 기간 동안 작중 인
물들이 작중 친구들과 나누었던 대화와 게시물을 애청자들이 모두 살펴
볼 수 있게 만들었다. 애청자들은 드라마가 촬영되는 순간을 거의 실시간
으로 재빨리 받아볼 수 있었으며, 드라마가 끝난 후에는 SNS를 통해 작
중 인물들을 팔로우하면서 그들의 생활이 어떻게 흘러가는지 함께 할 수
있었다. 짧은 영상의 감상과 SNS를 통한 소통이라는 십대의 일상을 적확

하게 반영한 형식이다.

〈스캄〉의 인기는 단지 형식적으로 십대에게 익숙한 매체를 활용하였기 때문에 획득된 것만은 아니다. 〈스캄〉은 십대들의 방황과 좌절, 성적 정체성의 갈등, 인간관계의 문제를 단순히 자극적 소재로만 늘어놓은 것이 아니라, 그 속에서 주체적 인간, 타인에 대한 배려, 소수자의 인권이라는 가장 인간적이자 가장 윤리적인 문제를 무겁지 않게 생각할 수 있게 해 준다. 무엇보다도 〈스캄〉은 매 시즌을 진행할 때마다, 우리가 일상에서 자주 접하지만 손쉽게 모른 척하는 폭력과 소수자의 문제를 명확하게 표면화한다. 〈스캄〉은 매 시즌마다 주인공이 바뀌고, 그 주인공을 둘러싼 사회적 문제를 다채롭게 제시한다. 첫 시즌은 여자 친구들 사이의 삼각관계를 둘러싼 왕따의 문제를 젠더 차별의 이슈와 함께 풀어냈다면, 두 번째 시즌은 남녀 연애에서 발생하는 강간과 사이버폭력의 문제를 다루었고, 세 번째 시즌은 동성애의 문제, 네 번째 시즌에서는 인종과 종교에 따른 차별 문제

〈스캄 프랑스〉 시즌3의 주인공인 뤼카와 엘리오트

를 다루고 있다. 왕따, 강간 피해자, 동성애자, 흑인무슬림 등, 언론에서 자극적으로만 다루어지는 사건을 그 당사자의 삶으로 들어가서 그들의 삶이 공동체 안에서 공존할 수 있음을 보여주었다.

〈스캄 프랑스〉 또한 이러한 원작의 세계관을 그

대로 이어받고 있다. 그러면서도 〈스캄 프랑스〉는 원작의 세계관을 더욱 확장시키고 있다. 노르웨이 원작이 2017년에 시즌4를 끝으로 모든 작품의 종영을 선언했다면, 〈스캄 프랑스〉는 2018년부터 시작하여 2021년 현재까지 시즌7과 시즌8까지 방영하며 〈스캄〉의 세계를 넓혀나가고 있다. 게다가 〈스캄 프랑스〉는 유럽권을 넘어 전 세계적으로 수출되면서 영향력을 확대하고 있다. 원작 〈스캄〉의 인기를 시즌3의 동성애 커플인 이삭과 에반이 이끌었듯이, 리메이크작 〈스캄 프랑스〉의 인기 또한 시즌3의 동성애 커플 뤼카(Axel Auriant)와 엘리오트(Maxence Danet-Fauvel)가 이끌었다.[2] 한국에서도 시즌3을 중심으로 〈스캄 프랑스〉에 대한 관심이 고조되었고, (특히 엘리오트 역의 막상스 다네-포벨은 연기자로 데뷔하기 전에 한국에서 일했던 적이 있었던 인연으로 한국 팬들의 관심을 많이 받고 있다.) 한국 OTT플랫폼인 티빙, 왓챠, 웨이브에서도 수입하여 방영하고 있다.

〈스캄 프랑스〉 시즌4의 주인공 이만

---

2 Caroline Langlois, "Skam France: notre coup de coeur pour une saison 3 addictive", Allociné, 2019.3.15.

다양한 소수자의 세계

〈스캄 프랑스〉는 원작과 마찬가지로 왕따, 강간피해자, 게이, 흑인무슬림과 같은 소수자나 폭력 피해자의 문제를 다루고 있다. 〈스캄 프랑스〉는 주류 사회가 정상이나 혹은 상식 또는 보편이라고 부르는 기준에 벗어난 이들을 다룬다는 원작 〈스캄〉의 세계관을 그대로 이어받으면서 작품의 시야를 더욱 확장시킨다. 시즌5에서는 청각 장애를 가지게 된 아르튀르의 이야기가 중심을 이루며, 장애를 가진 십대 청소년들의 생활과 욕망을 구체적으로 보여주고 있다. 시즌6에서는 마약중독자이자 양성애자인 롤라가 레즈비언 애인을 만나면서 자신의 삶의 안정을 찾아가는 모습을 다룬다. 시즌7에서는 원치 않는 임신을 하게 된 티파니가 임신과 출산을 부정하고 회피하는 모습이 다루어지면서, 실패를 인정하지 않는 태도, 여성 신체의 주체성 등의 문제를 다루고 있다. 시즌8에서는 코로나19 사태로 경제가 무너진 가정에서 청소년 비랄과 그의 동생이 겪는 가난의 문제에 초점을 맞추면서, 청소년의 자립 문제를 조명하였다. 이렇게 〈스캄 프랑스〉는 이 사회에서 쉽게 소외되는 청소년들의 일상을 구체적으로 보여준다.

소재적으로는 〈스캄 프랑스〉에 나타나는 인물들의 서사는 모두 자극적으로 다루어질 수 있다. 게이, 양성애자, 레즈비언, 장애인, 왕따, 마약중독자 등등이 나오는 하이틴 드라마는, 세상 따위 필요 없어, 모든 것에 반항할 거야, 살아봤자 무슨 소용이야, 놀다 죽자, 이와 같이 뭔가 퇴폐적이고 반항적인 분위기를 풍길 것 같다. (영국의 하이틴물 〈스킨스〉가 딱 이런 분위기를 풍긴다.) 우리가 살아가는 세계와는 전혀 다른 세계일 것만 같은 것이다. (실제로 한국적 정서에서는 '청소년'이 주인공인데, 위에 나오는 소재를 다룬다고 하면 방송심의조차 이루어지지 않을 것이다.) 하지만 〈스캄 프랑스〉는 놀랍게도, 유머와 위트가 있으며, 이 모든 문제적 인물들이 등장하는데도 꽤나 일상적이다.

모두에게 문제가 있기 때문에, 아무에게도 문제는 없다. 모두가 정상이 아니기 때문에, 누구도 비정상이 아니다. 이것이 〈스캄 프랑스〉의 기본적인 주제일 것이다. 〈스캄 프랑스〉는 우리가 살아가는 동안에 모두는 각자의 개별적인 문제에 부딪히고, 그 문제 앞에서 나약해지지만, 그 문제가 바로 우리의 개성이자, 우리가 공동체 안에서 함께 할 수 있는 위치라는 것을 끊임없이 보여준다. 시즌5에서 아르튀르는 아버지의 폭행과 이후 길거리에서 당한 우연한 폭행으로 청각을 잃게 된다. 보청기를 끼는 순간 장애인으로 분류된 아르튀르는 학교에서 장애인 친구들과 장애인에 대한 인식 개선 프로그램을 진행하라는 과제를 부여받는다. 학교라는 제도는 아르튀르를 도움을 받아야 하는 장애인, 사회적 차별을 받을 위험에 노출된 인간, 매력적이지 않은 남성으로 당연하게 분류한다. 그런데 아르튀르와 함께 모인 시각장애인, 하반신 불구자는 입을 모아 말한다. 자신들의 삶에서 필요한 것은 장애인을 인간적으로 존중하라는 윤리적인 요구가 아니라, 장애인도 다른 사람들과 마찬가지로 '욕망'을 가진 인간임을 이해받는 것이라고. 그들은 자신도 섹시한 존재이고, 그래서 또래 친구들과 연인이 되어 자연스럽게 사랑을 나누는 생활을 바란다고 말한다. 이들의 소망을 짐작이라도 했던 것처럼 아르튀르의 여자 친구이자 양성애자 알렉스는, 시각장애인 여자에게 매력을 느끼는 건지 아닌지 잘 모르겠다는 친구 바질에게 이렇게 말한다. "누군가를 사랑의 대상으로 선택하는 것도 사회화의 과정이야. 네가 헷갈리는 것은 우리가 장애인을 사랑하는 법을 몰라서 그래." 이렇게 그들은 장애인이 충분히 매력적일 수 있음을 깨달으며, 장애인을 일상적인 욕망의 존재로 받아들인다.

시즌3은 뤼카가 게이로서의 자신의 정체성을 찾아나가는 과정을 중심으로 진행된다. 그런데 이와 별도로 시즌3에서 중요하게 다루어지고 있는 것은 뤼카의 애인인 엘리오트가 조울증, 양극성 장애(bipolarité)를 앓고 있다는 것이다. 이제 막 사귀기 시작한 애인이 정신질환을 가지고 있다는 사실을 발견한 뤼카는 큰 고민에 빠진다. 정신질환을 앓고 있는 사람은 일상생활을 함께 영위하기가 힘들다는 편견 때문일 것이다. 그때 뤼카의 친구 바질이 말한다. 우리 엄마도 조울증이야. 뤼카의 심각함에 비교하면, 바질은 너무도 해맑게 말한다. 뤼카와 다른 친구들은 놀란다. 그렇게 심각한 문제를 어떻게 이렇게 쉽게 말하냐는 듯이. 바질은 엄마의 상태에 따라서 힘든 시기도 있지만, 대체로는 서로 잘 적응해서 맞춰 가며 살아왔고, 큰 문제는 없었다고 한다. 이 순간 조울증의 문제 또한 드라마틱한 극적 사건이 되지 않고, 지극히 평범한 우리의 일상으로 자리매김한다.

나와 다른 모든 것을 특별한 것으로 취급하는 태도는 타자에 대한 존중의 태도가 아니다. 우리는 종종 나와 다른 정체성을 가진 사람은 매우 특별한 세계에 살 것이라 생각한다. 동성애자의 삶은 너무 자유분방하여 방탕할 것이라고 생각하거나, 이슬람교도의 삶은 너무 보수적이어서 현대의 자유세계와 전혀 어울리지 않을 것이라고 생각한다. 그래서 〈스캄 프랑스〉에서 백인 다프네는 무슬림인 이만에게 머리에 베일을 쓰고 술도 못 마시면 파티에 갈 수 없는 것 아니냐고 당연한 듯 묻는다. 심지어 동성애자 뤼카는 무슬림인 이만이 양성애자 알렉스와 연애 이야기를 하는 것이 종교적 신념에 위배되는 것이 아니냐고 묻는다. 무슬림은 종교적으로 보수적이어서 동성애와 양성애를 인정하지 않으니, 무슬림 신도들은 성소수자들의 사랑 이야기를 고개를 끄덕이면서 동조하는 태도로 들으면 안 된다는 것이다. 한편 뤼카는 양성애자 알렉스에게 양성애자는 동성애자와 달리 동성과 연애를 하면서도 이성과 연애를 하는 것처럼 쉽게 속일 수 있어서 좋겠다고 말한다. 뤼카는 성소수자인 자신의 정체성을 숨겨 이성애자들에게 공격받지 않고 싶었던 것인데, 정작 양성애자 또한 성소수자임을 생각하지 못했던 것이다.

이처럼 모두는 각자의 입장에서 다른 사람의 삶의 세계와 가치관을 전혀 이해하지 못하는 발언들을 쉽게 한다. 심지어 소수자라고 다른 소수자의 특수성을 잘 이해할 수 있는 것도 아니다. 모두 나와 다른 사람은 이상하고 특별한 세계에 속해서 우리의 보편, 상식, 주류의 세계에서는 이해할 수 없을 것이라고 생각한다. 그때 이만은 말한다. 다른 친구의 연애 이야기를 들을 때, 그것이 너의 가치관과 어긋난다고 그 이야기를 안 들은 적이 있냐고, 네가 그렇지 않듯이, 나도 종교적 신념과 관계없이 친구들과 이야기를 나눌 수 있다고, 평가와 심판은 신이 하는 것이지 인간이 하는 것이 아니라고.

〈스캄 프랑스〉는 나와 다른 타자를 소수자라는 특별한 존재로 만들지 않는다. 각자의 개별성을 가진 모두는 각자가 소수자일 수 있기 때문에, 결국 우리 모두는 소수자이다. 이런 소수자를 개별적으로 고립시키지 않고 일상의 존재로 끌어 올리는 일, 그들이 가진 욕망을 표면화하는 일, 이러한 것을 통해 〈스캄 프랑스〉는 우리 모두가 함께 하는 공동체의 가능성을 만들어 간다. 배제와 차별을 넘어 공존의 생활방식이 우리의 일상

속에서 어떻게 실재할 수 있는지를 경험적으로 보여준다.

〈스캄 프랑스〉의 친구들

너와 함께 있어

결국 이 공존의 핵심은 사랑이다. 가난하다고, 혹은 정신적으로 나약하다고, 아니면 공부를 못한다고, 외모가 멋지지 않다고, 그래서 너랑 나랑은 연애를 할 수 없다고 말하는 배타적인 태도는 사랑이 아니다. 우리 앞에 주어진 모든 경계를 넘어설 수 있는 힘이 바로 사랑이다. 물론 매우 낭만적으로 들리기는 하지만, 그럼에도 불구하고 사랑의 힘은 포용과 공존이다. 장애인들도 일상적으로 누군가를 좋아하고, 데이트하며, 지속적인 관계를 맺을 수 있기를 바라는 것처럼, 흑인무슬림도 종교에 상관없이 좋아하는 사람을 만날 수 있는 것처럼 모두는 사랑을 할 수 있다.

〈스캄 프랑스〉에서는 소재적으로도 이런 사랑의 다양성을 표면화한다. 각 시즌의 주인공들이 소수자로 설정되는 만큼, 그들의 사랑의 방식

또한 우리가 일반적으로 생각하는 커플링의 방식을 넘어선다. 이 드라마를 세계적인 작품으로 만든 시즌3의 게이 커플은 물론이고, 청각장애인의 사랑, 레즈비언 커플 등이 등장한다. 무엇보다도 이 작품의 가치는 이들의 사랑을 정말 있는 그대로 아름답게 표현했다는 점이다. 십대들을 위한 작품이고, 실제로 프랑스 텔레비전에서 방영할 때는 10세 이상은 모두 볼 수 있는 등급의 작품이었다. 그런데도 이 작품에는 커플들의 섹스신이 자주 그려진다. 이 섹스 장면은 이성애 커플에만 한정되지 않고, 게이 커플 그리고 레즈비언 커플의 섹스 장면까지 다룬다. 동성애 커플들도 이성애 커플과 마찬가지로 육체적 끌림을 느끼고, 육체적 관계를 통해 서로 사랑하고 사랑받음을 확인한다. 그들의 섹스 장면이 너무나 당연하게 그려진다. 그 장면은 이성애 커플의 장면과 마찬가지로 열정적이고 아름답다.

　　이런 다양한 사랑의 모습이 아름다워지는 것은 바로 그 사랑이 단순한 매혹이나 열정 혹은 낭만에 대한 동경에 그치지 않았기 때문이다. 이들의 사랑은 십대들이 흔히 저지를 것이라 오해 받는 불장난이 아니다. 자신이 사랑하는 소중한 존재에 대한 굳건한 지지가 이 작품에서 그리는 사랑의 본질이다. 이 작품 속 십대들은 자신의 정체성을 찾아 나가는 과정에서 언제나 문제에 직면한다. 그것은 성정체성의 문제일 수도 있으며, 갑작스러운 장애와 같이 극적인 사건일 수도 있고, 왕따의 문제, 고독의 문제 등등 내면적인 불안의 문제이기도 하다. 이러한 문제를 겪으면서 모두는 나만 힘들다고 생각하며, 나의 이러한 힘듦이 자신의 약점이 되어 친구들에게 받아들여지지 못할 것이라고 불안해하다가, 친구들에게 버림받지 않기 위해 오히려 친구들에게 자신의 문제를 드러내지 않으며, 스스로 고립을 자초한다. 이렇게 내면의 고민을 누구와도 나누지 못하고 점점 고립되어가는 아이들을 세상과 연결시키고, 친구들과 함께 하며, 공동체 속에서 살아가게 하는 것은, 누군가가 전해주는 '지지(soutien)'의 힘이다.

내가 너와 함께 있어. 이 말을 통해 우리는 살아갈 힘을 얻는다. 물론 그러한 사랑의 방식이 서툴러서, 그리고 나의 입장에서만 생각해서, 상대를 오히려 더 힘들게 할 수도 있다. 시즌6에서 다프네가 롤라를 도와주려다가 오히려 롤라를 정신병원에 넣었듯이 말이다. 그럼에도 다프네는 흔들리는 롤라의 옆에서 내가 옆에 있음에 대한 신뢰를 보여주었고, 그에 힘을 받은 롤라도 다프네가 흔들리는 시기에 다프네의 옆을 지킨다. 이러한 함께 있음은 단지 연애 관계를 통해서만 이루어지는 것이 아니라 다프네와 롤라처럼 자매 사이에도, 그리고 친구들 사이에도, 더 나아가 가족 사이에도 가능한 것이다.

이처럼 하이틴 드라마에서 그릴 수 있는 십대들의 세계는 충분히 넓어질 수 있으며, 그들의 사랑과 우정 또한 다양해질 수 있다. 그리고 무엇보다 계몽적이지 않더라도 사회적이고 윤리적일 수 있다. 〈스캄 프랑스〉는 십대들의 좌절, 불안, 욕망, 그리고 성적 호기심, 관계에 대한 고민이 타인에 대한 윤리, 공동체에 대한 책임이라는 윤리적 문제와 흥미롭게 결합하는 방식을 잘 보여준다. 〈스캄 프랑스〉는 이러한 과정을 통해 성장이란 언제나 흔들리는 과정 그 자체라는 것을 그려낸다. 성장은 생존경쟁 사회에서 성공하는 법을 배우는 것이 아니다. 관계 속에서 끊임없는 갈등을 겪어내며 살아가는 법을 받아들이는 과정이다. 그리고 그 과정에서 모든 사람들이 정상의 기준에 부족하거나 과잉되는 면이 있다는 것을 인정하고, 그래서 모두가 정상의 경계에서 벗어난 삶을 살아갈 수밖에 없다는 것을 수용하는 것이 바로 성장이다. 성장은 사회가 요구하는 정상의 기준이 이상적이고 추상적인 개념에 불과하다는 것을 깨닫는 것이다. 그래서 정상이 아닌 우리들이, 정상이 아니기 때문에 그 다양한 정체성으로 함께 어울려 사는 방법을 배우는 것이, 지금 우리에게 필요한 성장의 전부일 것이다.

9장

복수의 다층성과
정상/비정상의 경계 가로지르기
: 영화 <나이팅게일>

서곡숙

복수영화와 정상/비정상의 이분법

영화와 복수는 긴밀한 관계를 보여준다. 박찬욱, 김지운, 쿠엔틴 타란티노처럼 복수 주제를 집중적으로 다루는 감독들도 있다. 〈존 윅〉(John Wick, 2014/2017/2019) 3부작, 〈테이큰〉(Taken, 2008/2012/2015) 3부작 등 할리우드 스타를 내세운 복수 연작 시리즈도 관객의 호응으로 속편을 계속 생산해낸다. 많은 편수의 복수 영화가 제작되어 하부장르를 형성하고 있다는 사실은 복수 주제에 대한 창작자의 관심, 복수 연작 시리즈에 대한 관객들의 지지를 방증한다. 복수영화에서 '가해자에게 복수하는 피해자'라는 플롯은 해결하기 힘든, 이룰 수 없는 관객의 소망을 충족시켜준다.

이 글에서는 복수영화에서 나타나는 복수의 다층성의 기저에 깔려 있는 정상/비정상의 이분법을 살펴보고자 한다. 복수 서사는 복수의 동기, 복수의 명분, 복수의 의미를 통해서 복수의 정당성을 단계적으로 확보해 나가면서 정상/비정상의 이분법에 의문을 제기한다. 정상/비정상의 이분법은 비정상을 낙오자·괴물·배제자로 규정하면서 억압하고 터부시하고 배척하는 강제적 횡포를 보여준다. 정상이 비정상에 대해 심한 거부 반응을 보이면서 정상이라고 주장하는 자신들의 특정 사회집단의 존속을 유지하고자 하기 때문에 정상은 비정상을 필요로 한다.

〈나이팅게일〉포스터 ⓒ네이버영화

영화 〈나이팅게일〉(The Nightingale, 2018)[1]는 복수의 다층성을 통해 정상/비정상의 이분법을 드러낸다. 이 영화의 전반부에서는 호주 태즈메이니아 마을에서 영국장교 호킨스 중위(샘 클라플린) 일당의 폭행·강간·살인을 보여주며, 중반부에서는 가족을 잃은 여성죄수 클레어(아이슬링 프란쵸시)의 추격을 보여주며, 후반부에서는 클레어와 길잡이 흑인 남성 빌리(베이컬리 거넴바르)의 연대와 복수를 보여준다. 이 영화는 계층, 젠더, 민족, 인종 등 다양한 갈등을 제기하면서 사적인 복수의 공적인 의미와 복수의 동기, 명분, 의미를 구체적으로 재현한다. 그래서 〈나이팅게일〉의 복수의 여정에서 드러나는 복수의 동기, 명분, 의미를 분석하여 복수의 다층성과 정상/비정상의 이분법에 대해 생각해 보고자 한다.

1 오스레일리아. 드라마, 모험, 스릴러영화. 제니퍼 켄트 감독. 2020년 12월 30일 개봉.

복수의 동기: 여주인공/적대자의 대립과 차별적 사회구조

〈나이팅게일〉여주인공 클레어의 모습 ©네이버영화

〈나이팅게일〉은 여주인공/적대자의 대립과 차별적 사회구조라는 복수의 동기를 보여준다. 첫째, 〈나이팅게일〉에서 계층·젠더·민족의 갈등은 제국주의/식민주의의 대립으로 나타난다. 〈나이팅게일〉은 계층·젠더·민족·인종의 갈등을 보여준다. 여주인공은 아일랜드 백인여성 죄수이며, 적대자는 잉글랜드 백인남성 장교이며, 조력자는 원주민 흑인남성 길잡이이다. 여주인공/적대자/조력자의 갈등은 2단계로 나타난다. 〈나이팅게일〉에서 여주인공과 조력자의 갈등은 해결되지만, 여주인공·조력자/적대자 사이의 갈등은 해결되지 못하며, '유럽 중심의 담론체계'와 '인종차별주의'를 보여준다는 점에서 복수의 동기가 된다.

그리고 〈나이팅게일〉은 제국주의/식민주의의 대립을 보여준다. 이영화에서 적대자의 정신적, 육체적, 경제적 폭력은 수탈, 착취, 소외, 통제로 나타난다. 잉글랜드 장교가 아일랜드 여성 죄수와 원주민 흑인 길잡이에게 행하는 폭력은 제국주의의 착취, 폭력, 탐욕, 악행을 보여준다. 〈나이팅게일〉에서 적대자는 정신적 억압, 육체적 폭행, 경제적 수탈로 피해자에게 악행을 저지르는 '정신적·물질적 식민지화'를 추구하며, 적대자와 여주인공의 갈등은 제국주의의 억압·통제·명령과 식민주의의 저항·자유·복종의 가치 대립으로 나타나며, 이러한 사회적 차별구조는 복수의 동기이자 근원적 원인으로 제시된다.

〈나이팅게일〉호킨스 중위가 클레어의 노래를 듣고 감동하는 장면 ⓒ네이버영화

둘째, 〈나이팅게일〉은 '명령하는 신체'와 '복종하는 신체'의 갈등을 통해 지배/피지배의 대립과 복수의 동기를 보여준다. 〈나이팅게일〉은 명령하는/복종하는 신체의 갈등을 보여준다. 호킨스 중위는 클레어를 주인인 자신의 명령만 들어야 하는 노예로 취급하여 클레어의 복종을 요구하며, 클레어의 자유를 인정하지 않으면서 클레어와 그 가족에 대한 자신의 악

행을 정당화한다. 〈나이팅게일〉에서 적대자와 여주인공의 관계는 '명령하는 신체'와 '복종하는 신체'의 갈등으로 나타나고, 이러한 갈등은 여성에 대한 억압과 상징적/물질적 '폭력을 통한 통제'를 보여주며, '신체를 통한 권력관계와 지배관계'를 드러낸다.

또한 〈나이팅게일〉은 지배계급/피지배계급의 대립을 보여준다. 제국주의적 지배 욕망은 지배/피지배의 위계질서를 통해 타자들, 즉 여성, 죄수, 흑인, 원주민에 대한 공격성과 식민화의 욕망을 드러낸다. 〈나이팅게일〉에서 적대자와 여주인공의 관계는 '여성의 식민화, 타자화'로 제국주의의 모순과 성별 모순을 동시에 나타내며, 가부장제와 제국주의의 결합을 통해 '남성 중심의 상징성'과 '식민 담론의 단성적 목소리'로 여성을 소외시키거나 억압하며, 제국주의적 지배 욕망으로 지배/피지배의 위계질서를 드러내며 복수의 동기를 보여준다.

〈나이팅게일〉 호킨스 중위가 클레어에게 성행위를 강요하는 장면 ⓒ네이버영화

셋째, 〈나이팅게일〉은 '경제적 인간'과 '생태적 인간'의 갈등을 통해 주인/노예의 대립과 복수의 동기를 보여준다. 〈나이팅게일〉은 경제적/생태적 인간의 갈등을 보여준다. 호킨스 중위는 이미 형기를 마친 클레어를 '내 소유물이니 내 마음대로 하겠다'며 추천장과 통행증을 써주지 않으면서 자유를 속박한다. 〈나이팅게일〉에서 적대자는 이기심, 소유, 지배, 절대적 진리, 획일성을 추구하는 '경제적 인간'이지만, 여주인공은 이타심, 공유, 연대, 상대적 진리, 다양성을 추구하는 '생태적 인간'이며, 이런 경제적 인간과 생태적 인간의 갈등은 주인과 노예의 대립으로 이어진다.

그리고 〈나이팅게일〉은 주인/노예의 대립을 보여준다. 적대자는 자신과 여주인공의 관계를 주인과 노예의 관계로 규정지으면서 자신의 악행을 반복한다. 호킨스 중위는 클레어를 나이팅게일, 소유물, 노예로 호명하며, 이러한 호명을 통해 주인과 노예의 관계로 만들고자 한다. 호킨스 중위는 클레어가 '나이팅게일'처럼 자신만을 위해 노래하고, '소유물'처럼 자신만을 위해 봉사해야 하며, '노예'처럼 자신의 곁을 떠나지 못하게 자유를 빼앗는다. 〈나이팅게일〉에서 적대자는 여주인공을 나이팅게일, 소유물, 노예로 칭하면서 주인/노예의 관계를 강요하며, 주인으로 군림하려는 적대자의 '부도덕성'과 노예이기를 거부하는 여주인공의 '도덕성'을 대비시킴으로써 복수의 동기를 보여준다.

복수의 명분: 가해자의 악행, 피해자의 고통, 공적 처벌의 좌절

〈나이팅게일〉은 가해자의 악행, 피해자의 고통을 통해 복수의 명분

〈나이팅게일〉 클레어가 호킨스 일당이 죽인 자신의 아기를 안고 슬퍼하는 장면 ⓒ네이버영화

을 보여준다. 욕망의 주체는 여주인공과 조력자이며, 욕망의 대상은 복수이다. 첫째, 적대자는 가해자로서의 악행·원한으로 복수의 명분을 제공한다. 적대자는 악행을 저지르는 가해자이다. 적대자는 여성, 아기, 노인, 어린이 등 약자를 폭행, 강간, 살인함으로써 육체적 악행을 저지르는 가해자이다. 호킨스 중위와 장교들은 승진 탈락에 대한 보복으로 클레어를 폭행·강간하고 그녀의 남편과 아기를 폭행·살인하고, 성욕을 해결하기 위해 원주민 여성을 납치·강간하고 그녀의 남편과 원주민들을 살해하고, 자신의 명령에 대한 불복종·불이행을 이유로 길잡이 노인과 어린이 죄수를 살해한다. 적대자는 약자에게 육체적 악행을 저지르는 가해자이며, '폭력적 해결, 남근주의, 가부장주의의 강화'와 타인에게 육체적 악행을 확산시키는 부도덕성으로 복수의 명분을 보여준다.

그리고 적대자는 원한의 인간이다. 가해자는 자신의 악행, 무능력,

부도덕성에 대한 책임을 피해자에게 전가하는 원한의 인간이라는 점에서 부도덕성이 강조된다. 우선, 가해자는 약자에 대해 폭행, 강간, 살인을 저지르고, 자신의 악행에 대한 책임을 피해자에게 뒤집어씌운다. 다음으로, 가해자는 거짓말, 모욕, 누명을 통해 도둑, 창녀라는 오명을 뒤집어씌우는 정신적 악행을 저지른다. '원한의 인간'으로서 가해자는 권력의 우월한 지위를 이용한 성적 폭력성과 악행을 정당화하고 피해자에게 책임을 전가하는 부도덕성을 드러냄으로써 복수의 명분을 보여준다.

〈나이팅게일〉 클레어가 호킨스 일당을 추격하기 위해 말을 끌고 나서는 장면 ⓒ네이버영화

둘째, 여주인공은 피해자로서의 고통과 가책으로 복수의 명분을 보여준다. 여주인공은 가책의 인간이다. 클레어가 죽은 아기를 안고 자장가를 불러주는 장면, 남편이 아기를 안고 나타나 쳐다보는 장면, 아기가 살해당하는 장면 등이 계속 악몽으로 반복되어 나타남으로써 죄책감을 강

조한다. 클레어는 젖몸살로 인한 환각 장면에서 부어올라 흘러내리는 젖, 아기의 우는 소리, 아기가 살해당하는 순간이 계속 반복되면서 고통의 감옥에 갇히게 된다. 이후 남편이 나타나 "우린 괜찮아"라고 말하는 장면에서도 소리가 계속 울림으로써 괴로움의 감옥에 갇힌 느낌을 준다.

여주인공은 가해자의 악행과 원한으로 경제적, 정신적, 육체적 고통을 겪는 피해자이며, 이런 피해자로서의 고통을 극대화함으로써 복수의 명분을 보여준다. 피해자인 여주인공은 남편·아기의 죽음으로 인한 죄책감으로 악몽에 시달리며, 젖몸살을 겪으며 현실과 환각을 오고가며 정신적 고통을 겪는 '가책의 인간'이다. 이처럼 '가책의 인간'으로서 피해자는 가해자의 악행, 자신의 복수, 가족애와 모성애, 죽음과 살인 등으로 죄책감을 느끼며, '윤리성의 죄의식'과 정신적 고통으로 악몽이나 환각 상태에 빠지는 등 도덕성을 드러냄으로써 복수의 명분을 보여준다.

〈나이팅게일〉 클레어와 빌리가 호킨스 일당에게 쫓기는 장면 ⓒ네이버영화

〈나이팅게일〉 클레어와 빌리가 호킨스 일당을 쫓아가는 장면 ⓒ네이버영화

　셋째, 공적 사회의 악행과 공적 처벌의 좌절로 사적 복수의 명분이 확보된다. 공적 사회의 악행으로 사적 복수는 정당성을 확보한다. 클레어가 숲에서 마주친 백인남성들은 클레어가 남편 없이 혼자 여행한다는 사실을 알아내고는 그녀를 추격하여 강간하고자 한다. 클레어가 길에서 마주친 백인남성들은 포로로 잡은 흑인남성 원주민들을 마치 동물 사냥하듯이 즉흥적으로 살인하고, 포상금을 받기 위해서 그들의 머리를 자른다. 백인남성들은 일상적으로 백인여성에 대한 추격, 흑인여성에 대한 납치·강간·살인, 흑인남성들에 대한 폭행·살인 등을 저지른다. 백인남성은 여성·흑인에 대한 상습적이고 무차별인 폭행·강간·살인을 통해 '남근적 섹슈얼리티에 대한 공권력의 정책적 묵인과 조장'을 드러내는 부도덕성으로 사적 복수의 명분을 보여준다.

　그리고 공적 처벌의 좌절로 사적 복수는 정당성을 확보한다. 공적 사회는 무관심, 방관, 무능력으로 정의를 실현하지 못한다. 대위는 호킨스 중위의 악행을 목격하지만 방관하는 관찰자 시선을 보여준다. 클레어가 호킨스 중위의 폭행·강간·살인에 대해 처벌을 요청하지만, 공권력은 '죄수보다 장교를 신뢰한다'며 기각한다. 피해자는 법의 한계와 공적 처벌의 좌절로 사적 복수에 의존할 수밖에 없게 된다. 공권력이 '법이 정한 한계'와 '공적 체계의 구조적 폭력'을 은폐시킴으로써, 공권력의 무능력·부도덕성, 공적 처벌의 좌절로 사적 복수의 명분이 확보된다.

복수의 의미: 생태적 인간의 연대, 소수자의 저항, 복수자의 해방

〈나이팅게일〉은 피해자의 연대·저항·해방과 복수의 의미를 드러낸다. 첫째, 피해자는 비밀·갈등에서 소통·협력으로 나아가며 '생태적 인간'의 연대를 보여준다. 피해자는 비밀에서 소통으로 나아간다. 여주인공과 조력자는 피해자에서 생태적 인간으로 변화한다. 경제적 인간은 살인, 집착, 독선, 문명을 상징하는 반면에, 생태적 인간은 생명, 사랑, 이해, 자연을 상징한다. 우선, 노래는 경제적 인간의 소유와 생태적 인간의 치유를 대비시킨다. 호킨스 중위는 클레어의 아름다운 목소리를 자신만의 소유로 독점하고자 한다. 하지만, '나이팅게일' 클레어와 '망가나(검은 새)' 빌리는 함께 노래함으로써 서로의 상처를 치유한다. 다음으로, 고백은 소통으로 나아가게 한다. 클레어는 호킨스 일당이 자신을 강간하고 아기와 남편을 살해한 사실을 고백하고, 빌리도 호킨스 일당이 자신의 가족과 부족을 몰살시킨 사실을 고백한다. 여주인공·조력자의 고백은 서로의 상처를 이해하게 만듦으로써 배척·갈등에서 소통·화합으로 나아가게 만든다. '생태적 인간'으로서 여주인공과 조력자는 노래를 통해 서로 교감하고 치유하며 고백을 통해 비밀에서 소통으로 나아가며, '허위의식'을 없애고 '새로운 삶의 돌파구'를 찾음으로써 복수의 의미를 보여준다.

피해자는 갈등에서 연대로 나아간다. 우선, 여주인공은 배척에서 포용으로 나아간다. 젖몸살로 인해 정신적 환각과 육체적 통증에 괴로워하는 클레어는 빌리의 흑인 원주민 전통의식을 거부하지만, 이후 그 의식을 통해 정신적, 육체적으로 치유된다. 다음으로, 조력자는 방임에서 협력으로 나아간다. 빌리는 전반부에는 백인남성들에게 위협당하는 클레어를 놔두고 가버리지만, 중반부에는 클레어를 강간하려는 백인남성을 때려눕히고, 후반부에는 찰리의 죽음으로 클레어의 복수에 적극적으로 협력한다. '생태적 인간'으로서 여주인공과 조력자는 피해자라는 동질감으로 인종 갈등과 젠더 갈등을 극복하고, 소통을 통해 유대와 공존, 연대와 합일, 상대적 진리와 다양성을 추구하게 됨으로써 복수의 의미를 보여준다.

둘째, 피해자는 수동적 객체에서 능동적 주체로 나아가며 '소수자'의 저항을 보여준다. 피해자는 내적 변화를 겪는다. 우선, 여성죄수 여주인공과 흑인원주민 조력자는 백인장교 적대자의 악행, 현실에 대한 자기 각성, 피해자라는 인식을 통해 가해자에게 저항하게 된다. 다음으로, 피해자는 가해자에 의해 왜곡, 변형, 부인된 정체성이 아니라 자신의 주체적인 정체성을 회복하게 된다. '소수자'로서 여주인공과 조력자는 부정의 변증법을 통해 자기 각성과 저항 주체를 형성하고, 주체적인 정체성 회복을 통해서 복종과 침묵에서 벗어나 저항과 노래를 표현하는 내적 변화로 복수의 내적 의미를 보여준다.

〈나이팅게일〉 호킨스 중위가 자신을 추격해온 클레어를 발견하는 장면 ⓒ네이버영화

〈나이팅게일〉 클레어가 총을 겨누는 장면 ⓒ네이버영화

그리고 피해자는 사적 변화를 겪는다. 우선, 여주인공과 조력자는 불신에서 신뢰로 변화한다. 잠을 자는 장면에서 이러한 변화가 잘 나타난다. 클레어는 전반부에는 빌리를 경계하여 총을 겨누면서 멀리 떨어져 자

고, 중반부에는 빌리의 옆에서 돌아누워 자며, 후반부에는 빌리와 마주 보고 누워 손을 잡고 잔다. 다음으로, 여주인공과 조력자는 '수동적 객체'에서 '능동적 주체'로 변화한다. 클레어는 빌리를 구하기 위해 혼자 적진에 뛰어들고, 빌리는 클레어의 복수를 위해 직접 나선다. 이처럼 '소수자'로서 여주인공과 조력자는 불신·배척에서 소통·교감을 거쳐 신뢰·연대로 변화하며, 수동적 객체에서 능동적 주체로 나아가는 사적 변화로 복수의 사적 의미를 보여준다.

또한, 피해자는 공적 변화를 겪는다. 여주인공과 조력자는 적대자의 지배, 이익, 획일성에 저항하며 소통, 공유, 다양성을 추구한다. 우선, '비대칭적 인정관계'에서 '대칭적 인정관계'로 나아간다. 다음으로, 여주인공과 조력자는 '지배적 권력'을 비판하고 '소통적 권력'으로 나아간다. 마지막으로, 여주인공과 조력자는 소외자의 다양성과 주변인의 타자성을 수용한다. '소수자'로서 여주인공과 조력자는 주인/노예의 '비대칭적 인정관계'에 저항하며 자유와 자기의식을 자각하는 '대칭적 인정관계'로 나아가며, 통치·폭력의 '지배적 권력'을 비판하며 합의·평화의 '소통적 권력'을 추구하며, 제국주의의 폭력·착취·획일성을 비판하며 탈식민주의의 협력·공존·다양성으로 나아가는 공적 변화로 복수의 공적 의미를 보여준다.

그래서 피해자는 복종, 일탈, 저항의 순서로 변화한다. 가해자의 명령하는 신체로 인해서 피해자는 복종하는 신체가 되지만, 이후 피해자는 복종하는 신체, 일탈하는 신체, 저항하는 신체의 순서로 주체성의 변화를 보여준다. 피해자인 여주인공과 조력자는 적대자의 명령하는 신체에 대응하여 복종하는 신체, 일탈하는 신체, 저항하는 신체의 순서로 변화하고, 생태적 인간, 소수자, 복수자의 순서로 변화함으로써 복수의 내적, 사적, 공적 의미를 보여준다.

〈나이팅게일〉 호킨스가 중위에서 대위로 진급해서 기뻐하는 장면 ©네이버영화

〈나이팅게일〉 클레어가 악몽으로 괴로워하는 장면 ©네이버영화

셋째, 피해자는 죽음의 길에서 해방의 길로 나아가며 '복수자'의 처벌을 보여준다. 우선, 여주인공의 복수는 4단계로 진행된다. 여주인공은

복수자로서 적대자에게 육체적/정신적, 사적/공적 복수를 이행한다. 클레어는 1단계에서 공권력에 호소하지만 죄수보다 장교를 신뢰한다는 이유로 기각당하고, 2단계에서 아기를 죽인 제고 상병을 살해하지만 악몽을 꾸며 괴로워하고, 3단계에서 호킨스 중위에 대한 두려움으로 창녀라는 모욕, 말의 약탈, 빌리의 납치를 당하며, 4단계에서 중위에서 대위로 승진한 호킨스의 악행을 공적으로 알리고 호킨스의 창녀, 나이팅게일, 노예가 아니라 클레어 자신의 '주인'이라고 선언한다.

여주인공의 복수는 공적 처벌의 좌절(1단계), 육체적·사적 복수와 정신적 괴로움(2단계), 육체적·사적 복수의 실패와 정신적 두려움(3단계), 정신적·공적 복수와 정신적 극복(4단계)을 거친다. '복수자'로서 여주인공의 4단계에 걸친 복수 지연은 도덕적으로 타락한 현실, 윤리의식으로 인한 망설임, 사회적 갈등과 고독한 사투, 복수를 향한 강한 신념을 모두 보여주면서 복수의 정당성을 확보하게 되며, 수동적 객체에서 능동적 주체로 나아가면서 복수의 정신적·육체적 의미와 내적·사적·공적 의미를 모두 보여준다.

다음으로, 조력자의 복수는 죽음의 길로 이어진다. 조력자는 적대자에게 정신적/육체적, 사적/공적 복수를 수행한다. 남편 에이든은 호킨스 중위에게 클레어의 통행증을 요구하고 몸으로 저항하지만 호킨스 중위 일당에게 보복 살해를 당하고, 흑인노인 길잡이 찰리도 그 일당을 절벽으로 인도하고 호킨스 중위를 조롱하고 모욕한 후 살해당하며, 흑인 길잡이 빌리도 클레어의 비극, 찰리의 죽음, 자신의 생포를 겪은 후 호킨스 일당을 창으로 찔러 죽이고 자신도 총에 맞는다. 빌리는 원주민 사회에서는 '악한 영으로 가득 찬 놈은 선한 길로 이끌려고 노력하지만, 계속 못 되게 굴면 고치지 않고 죽인다.'라고 클레어에게 말한다. '복수자'로서 조력자는 가해자의 악행에 대해 정신적·육체적 저항과 사적·공적 저항을 하며, 결국 가해자에 대한 복수의 길이 모두 죽음의 길로 이어짐으로써 복수의 정신적·육체적 의미와 내적·사적·공적 의미를 모두 드러낸다.

마지막으로, 여주인공과 조력자의 복수 여정은 해방의 길로 나아간다. 여주인공과 조력자는 백인남성 권력의 단성성을 거부하고 소수자의 다양성을 지향하며 복수의 내적 의미를 드러낸다. 그리고 여주인공과 조력자는 생태적 인간의 연대, 소수자의 저항, 복수자의 해방으로 변화하며 복수의 사적 의미를 나타낸다. 또한, 조력자는 백인남성 지배계층 사회의 원칙이 아니라 흑인원주민 피지배계층 사회의 원칙에 의해서 가해자를 처벌하여 복수의 공적 의미를 표현한다. 그래서 여주인공과 조력자는 자유와 의지, 사랑과 희망을 노래하면서 정신적 해방에 도달한다. '나이팅게일' 클레어는 소유물이 되기를 거부하고 자신의 희노애락을 승화시켜 치유와 희망을 노래하고, '망가나(검은 새)' 빌리는 노예가 되기를 거부하고 하늘을 높이 나는 전사로서의 자유와 의지를 노래한다. 카메라가 떠오르는 아침 태양을 바라보는 클레어와 빌리에게 가까이 다가가면서 두 사람의 정신적 해방에 교감하게 만든다. '복수자'로서 여주인공과 조력자의 복수는 백인 지배층의 가치를 거부하는 내적 의미, 연대·저항·해방으로 변화하는 사적 의미, 흑인 원주민 사회의 처벌이라는 공적 의미를 모두 보여주며, 죽음의 길에서 해방의 길로 나아감으로써 복수의 정신적·육체적 의미와 내적·사적·공적 의미를 다층적으로 보여준다.

복수의 시대와 정상/비정상의 경계 가로지르기

〈나이팅게일〉 클레어가 복수 후 눈물을 흘리는 장면 ⓒ네이버영화

〈나이팅게일〉은 여주인공/적대자/조력자의 대립, 가해자의 악행과 피해자의 고통을 보여준다. 피해자의 연대·저항·해방은 차별적 사회구조, 부도덕성/도덕성의 대비, 사적 복수와 공적 처벌을 드러내면서 복수의 동기, 명분, 의미를 통해 복수의 다층성을 드러낸다. 〈나이팅게일〉에서 가해자의 부도덕성, 피해자의 고통은 복수의 정당성을 의미하며, 공적 사회의 악행, 공적 처벌의 좌절은 사적 복수의 정당성을 의미한다. 〈나이팅게일〉에서 복수는 공적 처벌의 좌절과 사적 복수의 정당성을 통해 저항 정신, 도덕적 질서의 회복, 정의 실현을 나타낸다. 복수는 악행을 저지른 가해자를 처벌하여 도덕적 질서를 회복하면서 동시에 사적 복수로 질서에 도전한다. 복수영화는 많은 제작과 관객의 지지로 하위 장르로서 자리매김하고 있어 복수의 시대를 반영한다. 〈나이팅게일〉은 희망 부재의

시대, 상상적 믿음의 위기 속에서 애착 대상의 부당한 상실, 복수자의 희생을 통해서 공권력의 무능력, 죄와 복수의 가역성을 드러내며, 여러 단계에 걸친 복수의 지연과 피해자의 정신적, 육체적 고통으로 사적 복수의 정당성을 잘 보여준다.

〈나이팅게일〉은 이러한 복수의 다층성을 통해 정상/비정상의 이분법을 드러낸다. 적대자는 정상/비정상의 이분법을 통해서 여주인공을 비정상으로 배척하고자 한다. 적대자는 여주인공을 소유물, 노예, 창녀, 도둑으로 지칭하여 비정상, 괴물, 배제자로 규정함으로써, 아일랜드 여성죄수인 여주인공을 억압하고 터부시하고 배척하면서 잉글랜드 남성군인 사회의 존속과 우위의 정당성을 확보하고자 한다. 이 영화에서 속물형 적대자와 낙오자형 여주인공의 대립에서 경계적 인물인 조력자가 수동적 허무주의에서 벗어나 자신의 원주민사회의 원칙에 의해서 적대자를 처벌하려할 때 무게의 중심이 뒤바뀐다. 여주인공과 조력자는 적대자를 추격하는과정에서 연대, 저항, 해방을 공유하면서 다양한 삶을 인식하게 되고, 마침내 규범, 실천, 성별에서의 정상/비정상의 이분법적 경계를 해체하고역동성, 탈표준화를 보여준다. 이렇듯 영화 〈나이팅게일〉은 복수의 다층성을 통해 정상의 강제적 횡포를 드러내면서 정상/비정상 이분법의 경계를 가로지른다.

10장

꽃-패러디 그리고 변주

최양국

"어느 날 아침, 잠을 자고 있던 그레고르(Gregor)는

뒤숭숭한 꿈자리에서 깨어나자 자신이 침대 속에서

한 마리의 흉측한 벌레로 변해 있는 것을 발견했다.

~ (중략) ~

이윽고 전차가 목적지에 도착하자, 그레테(Grete)는 제일 먼저 일어나

젊고 싱싱한 팔다리를 쭉 뻗었다. 잠자(Samsa) 부부의 눈에는 그 모습이 마치

그들의 새로운 꿈과 아름다운 계획을 보증해 줄 것처럼 느껴졌다."[1]

세상의 뜰이 들을 지나 숲으로 흐른다. 만화방초. 향기로운 풀들과
어우러진 온갖 꽃들이 풀꽃 놀이로 터지는 세상. 사방은 풀로 이어지며
꽃으로 덮여간다. 뜰에 피운 꽃, 들에 피어나는 꽃, 그리고 숲에 피어있

---

1 다음 블로그 탑건 https://blog.daum.net/topgun3030/16

는 꽃. 들숨과 날숨의 향연으로 피고 지는 꽃, 그들 중에 생각나는 꽃은 무엇일까? 아마 장미, 파란 꽃, 겨울꽃. 그렇지, 이름 있는 꽃, 이름 모를 꽃 그리고 이름 없는 꽃. 꽃의 이름은 고유명사, 대명사, 그리고 보통명사로 어우러지며, 비와 바람이 전하는 말을 찾으러 계절 꽃의 상승과 하강을 반복한다. 영희, 철수 그리고 Dear Name. 이름은 젖은 채로 흩날린다. 우리들 이름의 값은 '꽃'이며, 그 변곡점에서 꽃의 '기다림'과 '라디오'를 부른다. 이름값의 시작과 변주는 긍정(Yes)~부정(No), 그리고 긍정과 부정 사이의 여백으로 나아가고자 하는 '나'와 '너'를 향한 도끼, 망치그리고 번갯불과의 게임이다.

'나'와 '너' / 존재 본질 / 이름의 / 명명 행위

우리들의 이름은 김춘수의 시 「꽃」을 이야기하며 색과 향을 피워낸다. 잉태된 몸짓이 눈짓으로 피어난다.

"내가 그의 이름을 불러주기 전에는/ 그는 다만/ 하나의 몸짓에 지나지 않았다. // 내가 그의 이름을 불러주었을 때,/ 그는 나에게로 와서/ 꽃이 되었다. // 내가 그의 이름을 불러준 것처럼/ 나의 이 빛깔과 향기에 알맞는/ 누가 나의 이름을 불러다오. / 그에게로 가서 나도/ 그의 꽃이 되고 싶다. // 우리들은 모두/ 무엇이 되고 싶다. / 너는 나에게 나는 너에게/ 잊혀지지 않는 하나의 눈짓이 되고 싶다."

– 김춘수, 「꽃」(1952년)

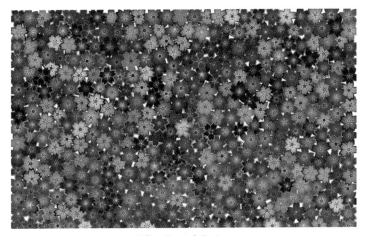

꽃(The Flowers), Pixabay

　권영민은 『한국현대문학대사전』(2004년)에서 "이 시가 강조하는 것
은 '꽃'이라는 사물과 '언어'의 관계이다. 시 속에서 화자가 말하는 대상은
꽃이다. 그러나 이 시에서 꽃은 감각적 실체가 아니라 관념, 말하자면 개
념으로서의 꽃이다. 따라서 이 시가 노리는 것은 '꽃이란 무엇인가' 혹은
'꽃은 어떻게 존재하는가'에 대한 철학적 해명이다. 꽃은 꽃이라고 이름을
불러줄 때 비로소 꽃이 된다고 한다. 즉, 꽃은 인간의 명명 행위 이전에는
단지 '하나의 몸짓'에 지나지 않는다는 것인데, 여기서 유추되는 것은 사
물과 언어의 관계이다. 명명 이전의 단계~명명과 동시에 '꽃'이 존재한다
는 사실~'꽃'에 비유되는 '나'의 존재~우리들의 존재를 말한다. 결국 이
시는 모든 사물이 언어를 떠나서는 살 수 없다는 인식론적 세계를 노래하
며, 이런 점에 이 시의 시사적 중요성이 있다."라고 한다.
　꽃은 우리들 존재가 지니는 가치와 특성을 명확하게 나타내는 인식
물이다. 타자적 대상에 불과한 무의미한 존재에서 즉자적 자아인 의미 있

는 존재로 시계열적으로 변화됨을 보여주는 상징적 구체물이다. 이러한 변화를 위해서는 그 존재와 본질이 무엇인지 분별하고 판단하며 앎으로 축적하여 가는 과정인, 인식이라는 명명 행위가 필수적으로 동반되어야 한다. 명명 이전인 의미 없는 '무'의 대상에서 명명으로 인해 의미를 부여받은 '유'의 존재로 넘어가기 위한 중간 단계인 '몸짓'은 명명 행위의 '태어남'을 위한 생성 과정이다. 우리들 존재의 출구를 열기 위한 갈망의 동작 언어(Body language)인 것이다.

　뜰~들~숲의 꽃은 이 세상에서 의미를 부여받고 존재하는 수많은 대상인 객체들의 총체적 언어 집합이라 할 수 있다. 그런데 이 존재로서의 꽃은 누군가에 의해 불리는 이름이 자신의 본질(빛깔과 향기)에 부합되는 '그 이름'으로 인식되며 불리기를 갈구한다. 즉, 일방향적인 주관화된 타아의 수직적 대상으로서의 언어 인식이 아닌, 양방향적인 대상과 주체 간 언어 인식에 따른 객관화된 수평적 자아의 대상이 되기를 소망한다. 이로써 '나'와 '너'는 '우리'로 확장되는 공동 운명체로서 서로에게 잊히지 않는 눈짓, 즉 상호 존재의 근원적 생명력인 '그 이름'으로 인식된 의미 있는 존재가 될 수 있다.

　'빛깔'과 '향기'는 존재에 대한 '정체성'과 '자아'의 객관화를 위한 프리즘이며 도끼이다. 우리 안의 얼어붙은 몸짓을 녹이며 부순다. 의미 존재자인 호모 에렉투스(Homo Erectus; 곧게 선 인간)를 끄집어낸다. 이렇게 드러난 '그 이름'을 부르는 행위는, 대상을 우리들 꽃으로 머무르게 하는 긍정의 '밈(Meme)'인 것이다. 태어난 대상이 음성언어로 인해 '밈꽃(Meme Flower)'으로 피어난다. 명명 행위로 인해 의미를 부여받은 밈꽃이 그 본질을 드러내는 '눈짓'은 존재를 위해 부여되는 '짊어짐'이다. 세상에 던져진 존재로서의 그 '빛깔'과 '향기'는 도끼질의 '힘'과 '방향'을 결정하며 짐을 지운다. 가벼운 짐, 무거운 짐, 그리고 물질적 짐, 정신적 짐. 짐의 무게와 가치에 대한 자아를 향한 질문은 측정과 평가로 이어진다. 존재 본질(Sein)이 행하도록 던져진 당위(Sollen)성 실존적 행위로써 "긍정(Yes)"을 향한 정상(Normal) 게임이다.

『홍길동전』[2]에서도 갈등의 마중물 기제는 이름(호칭)으로써, 길동의 '빛깔'과 '향기'는 율도국의 꽃과 짐으로 피어난다.

> "~ (중략) 대장부가 세상에 나서 공맹을 본받지 못할 바에야,
> 차라리 병법이라도 익혀 대장인을 허리춤에 비스듬히 차고
> 동정서벌하여 나라에 큰 공을 세우고 이름을 만대에 빛내는 것이
> 장부의 통쾌한 일이 아니겠는가. 나는 어찌하여 일신이 적막하고,
> 부형이 있는데도 아버지를 아버지라 부르지 못하고 형을 형이라 부르지 못하니
> 심장이 터질지라, 이 어찌 통탄할 일이 아니겠는가!"

패러디 / 통한 「꽃」은 / 존재 본질 / 왜곡 묘사

패러디(parody)는 특정 작품의 소재나 작가의 문체를 흉내 내어 익살스럽게 표현하는 수법, 또는 그런 작품을 의미한다. 그 어원은 'paradia'(다른 것에 대한 반대의 입장에서 불린 노래) 또는 'paradio'(모

---

2 다빈치 홍길동전(경판 24장본) http://www.davincimap.co.kr/davBase

방하는 것이나 모방하는 가수)로써, 모방과 변용은 패러디를 구성하는 기본 요소를 이룬다. 김춘수의 『꽃』에 대해 모방과 변용을 자양분으로 하여 그 존재 의미를 피워내는 작품들이 있다.

오규원의 「꽃의 패러디」는 이름을 붙이는 명명 행위에 의해 그 대상의 존재가 왜곡되고 있는 현실과 이를 극복하기 위한 '기다림'을 묘사한다.

꽃의 패러디(The parody of lavender), Pixabay

"내가 그의 이름을 불러 주기 전에는/ 그는 다만 / 왜곡될 순간을 기다리는 기다림/ 그것에 지나지 않았다. // 내가 그의 이름을 불렀을 때/ 그는 곧 나에게로 와서/ 내가 부른 이름대로 모습을 바꾸었다. // 내가 그의 이름을 불렀을 때/ 그는 곧 나에게로 와서/ 풀, 꽃, 시멘트, 길, 담배꽁초, 아스피린, 아달린이 아닌/ 금잔화, 작약, 포인세티아, 개밥 풀, 인동, 황국 등등의/ 보통 명사나 수 명사가 아닌/ 의미의 틀을 만들었다. // 우리들은 모두/ 명명하고 싶어 했다. / 너는 나에게 나는 너에게. // 그리고 그는

그대로 의미의 틀이 완성되면/ 다시 다른 모습이 될 그 순간/

그리고 기다림 그것이 되었다."

— 오규원, 「꽃의 패러디」

누군가를 인식하고 이름을 부르는 행위는 존재의 본질적 '빛깔과 향기'에 부합하는 것이어야 한다. 그러나 그것이 쉽지 않거나 자신과의 상관성 정도에 따른 의지가 개입하면, 그 대상에 대해 주어진 외부의 인식을 비판 없이 수용하거나 자신의 기준에 의존하는 확증 편향을 나타낸다. 이는 대상에 대해 다르게 해석하거나 그릇된 명명 행위를 하게 한다. 상대방에 대한 객관적 기준이 아닌, 자신의 주관적 기준으로 상대방을 규정짓는 우를 범한다. 대상을 왜곡하는 것이다. 그리하여 대상에 대해 왜곡하지 않고 존재의 본질을 드러내어 부를 수 있는 그 순간(The moment of truth)은, 기다림의 미학으로 편제되어 남거나 사라진다. 그들과 타아와의 연결고리가 공간적으로 가깝거나 시간상으로 오래된 것일수록, 그 빛깔과 향기를 정확히 인식하려 하지 않고 피상적으로만 명명하려는 경향이 있다. 이는 형식적 인식을 통한 명명 행위를 통해 외형만 측정한 그릇된 이름 부르기를 하거나, 불리는 외형적 이름만으로 그 색깔과 향기를 평가하는 탈진실(post-truth)의 플랫폼화를 초래할 수 있다. 어쩌면 그들은 외형적 이름에 대한 무분별한 관심이나 내면적 이름에 대한 의도적 오해의 유희를 위해, 왜곡된 이름값을 향한 비정상(Abnormal) 게임을 즐기는 맹목적 추종자들일 수 있다.

'빛깔'과 '향기'는 존재 왜곡에 대한 '홀로 섬'과 '정반합'의 DNA 화를 위한 거울이며 망치이다. 우리 밖의 눌어붙은 머릿짓을 비추며 깬다. 의미 존재자를 위한 호모 사피엔스(Homo Sapiens; 슬기로운 인간)를 주도한다. 이렇게 나타난 '그 이름'을 부르는 행위는, 대상을 그들의 꽃으로만 피워내는 왜곡된 '밈'을 부정하는 것이다. 왜곡으로 태어난 대상은 음성언어와 함께 '밈꽃'으로 떨어지지만, 새로운 명명 행위로 인해 그 본질을 찾아내는 '기다림 꽃'의 만개를 위해 필요한 것은 홀로서기를 위한 '벗어던짐'이다. 세상에 던져진 존재로서의 그 '빛깔'과 '향기'에 맞는 진정한 자아를 찾고 긍정~부정~긍정과 부정의 합을 통한 성장을 위해 자유도를 잉태한다. 낮은 자유도, 높은 자유도, 그리고 물질적 자유도, 정신적 자유도. 자유도의 깊이와 변화를 위한 산고는 일그러진 자아상에 대한 합리적 해체와 입체주의(Cubism)를 향한 명령 의지를 낳는다. 존재 본질(Sein)은 주도적 의지와 함께 실존적 행위로 피어난다. 타자의 비정상에 대한 맹목적 긍정(Yes)을 경계하고 "부정(No)"하며, 이를 정상(Normal)으로 바꿔나가는 게임이다.

힘의 논리에 따른 이합집산으로 극도로 혼란했던 중국의 춘추전국시대에, '이 혼란한 세상을 바로잡고 나라를 다스리는 데 중요한 것은 무엇입니까?'라는 제자 자로(子路)의 물음에 공자는 '정명(正名)'이라고 답하였다.[3] 정명(正名)은 '이름을 바르게 한다'라는 뜻을 갖는 언어로써, 이에 대한 후대의 해석은 달라질 수 있다. 이름(개념)의 바른 정립 또는 각자의 직분에 충실한 행동을 통한 질서의 확립을 의미하거나, 선행되어야 하는 가장 중요한 요체인 상대에 대한 유기체적 배려와 존중을 통해, 왜곡되지 않은 그 본질적 '빛깔과 향기'에 부합하는 명명 행위를 의미할 수도 있다.

3 위키 실록 사전 「정명지설(正名之說)」, 수정 보완

이를 위해서는 보편적 긍정을 향한 자기 극복을 통해 우리 자신의 주인이 되어야 한다.

변주로 / 함께 한 「꽃」은 / 소통으로 / 진화해

김춘수의 「꽃」을 패러디하여 새롭게 형상화한 작품 중, 장정일의 「라디오와 같이 사랑을 끄고 켤 수 있다면」이 있다. 이는 현대인의 사랑을 '라디오'를 켜고 끄는 것과 같은 가볍고 편한 행위로 표현함으로써, 쉽게 만나고 더 쉽게 헤어지는 일회적이며 찰나적인 인스턴트식 사랑을 풍자하고 있다.

"내가 단추를 눌러 주기 전에는/ 그는 다만/ 하나의 라디오에 지나지 않았다./
내가 그의 단추를 눌러 주었을 때/ 그는 나에게로 와서/ 전파가 되었다./
내가 그의 단추를 눌러 준 것처럼/ 누가 와서 나의/ 굳어 버린 핏줄기와
황량한 가슴 속 버튼을 눌러다오./ 그에게로 가서 나도/
그의 전파가 되고 싶다./ 우리들은 모두/ 사랑이 되고 싶다./
끄고 싶을 때 끄고 켜고 싶을 때 켤 수 있는/ 라디오가 되고 싶다."
– 장정일, 「라디오와 같이 사랑을 끄고 켤 수 있다면」(1988년)

단추~전파~라디오로 이어지는 현대인의 사랑 풍속도를, 사랑을 전하는 행위인 단추와 사랑하는 유의미한 존재인 전파로 형상화하여 나타낸다. 임은 갔지마는 임을 보내지 아니한 사랑의 노래를 라디오의 침묵을 통해 들으며 진정한 사랑의 의미를 찾고자 한다. 결과적으로 김춘수의 「꽃」에서 '내가 그의 이름을 불러주는 것'과 '나에게로 와서 꽃'이 된 것은 '라디오의 단추를 누르는 행위'와 '나에게로 와서 전파가 되었다'로 바뀌어 나타난다. 이는 명명 행위로 인한 인간관계의 지속적 친밀도에 대해 「꽃」과 상호 대척점에 서 있도록 배치함으로써, 시공간적 상황 변수에 따라 달라지는 사랑의 가치를 투영하고 있다.

호모 커뮤니쿠스(homo communicus), Pixabay

단추를 통한 전파 사랑의 시작과 끝은, 스마트폰으로 대변되는 초연결과 존재 본질의 단절에 대해 정(+)의 상관성으로 연결되며 점차 그 궤적의 진폭을 확대하고 있는 듯하다. FOMO(소외불안증후군, Fear Of Missing Out; 소외되고 놓치는 것의 두려움)는 다른 사람들과 네트워킹을 하지 못 할 때에 심리적으로 불안해하거나, 보편화를 추구하는 세속적 욕망의 대상에 대해 자신만 뒤처지거나 소외된 것 같은 두려움을 가지는 증상으로써, 빛깔과 향기가 만드는 아름다운 곡선이 사라진 보통명사 문화를 좇는다. JOMO(소외향유증후군, Joy Of Missing Out; 소외되고 놓치는 것의 즐거움)는 물질에 바탕을 둔 고립된 빛깔과 향기에 만족하여, 각자의 빛깔과 향기들이 함께 어우러지지 못하고 단절되는 문화의 부식성을 부각한다. 공유경제의 개념이 FOMO~JOMO와 손을 맞잡고 사랑과 결혼의 새로운 '밈' 논리로 확대되고 파편화되어 흘러 다닌다. 자아에 대한 고유한 틀을 깨고 부수어, 단편적인 욕구 충족에 대한 각론적 속도와 효율을 우선시하는 신 공유 문화를 짜깁기한다. 사랑의 노래는 임의 침묵을 더욱더 깊게 하며 단선적인 보통명사 문화, 역설적인 단절 문화 그리고 물질적인 신 공유 문화로의 전이를 재촉한다. 바야흐로 다양한 '밈꽃'들의 부딪침으로 인해 내리치는 번갯불의 전성시대다. 존재 본질(Sein)을 위한 관계(Relation)성 실존 행위는 "긍정(Yes)"과 "부정(No)" 사이의 여백에 번갯불을 위한 새로운 정상(New Normal)을 만들어 가는 게임이다. 그러나, 문화 온난화로 인한 먹구름의 그늘에 갇힌 채, 그 빛깔과 향기를 잃고 있는 밈꽃들은 어긋나는 씨줄과 날줄의 공집합(空集合)으로 인해 더욱 외롭다.

한 점으로 수축하여 가는 공간과 끊임없이 확대되어 가는 시간 속에서 '빛깔'과 '향기'의 교집합을 확대하기 위한 '더 나은 반쪽이(A Better Half)'를 찾는 술래잡기를 한다. 의미 존재자에 의한 호모 루덴스(Homo Ludens; 놀이하는 인간)를 잡는다. 이렇게 나타난 '그 이름'을 부르는 행위는, 대상을 우리들 꽃으로 흩날리게 하여 긍정~부정~긍정의 '밈'을 자유롭게 창조하는 것이다. 태어난 대상이 음성언어와 함께 '밈꽃'들로 진화한다. 명명 행위로 인해 의미를 부여받은 밈꽃이 그 본질을 드러내는 '관계 꽃'은 유기체적 존재를 위한 '어울림'이다. 세상에 던져진 존재로서의 그 '빛깔'과 '향기'에 맞는 친밀도를 잇는다. 점~선~면으로 이어지는 친밀도의 어느 단계에 대한 질문은 주체 간 씨줄과 날줄의 매듭으로 거듭난다. 우리들의 이름은 또 다른 주제에 의한 변주를 하며 이 세상의 '빛깔'과

"내가 그의 어플을 눌러 주기 전에는
그는 다만
하나의 스마트폰에 지나지 않았다.

내가 그의 어플을 눌러 주었을 때
그는 나에게로 와서
XG가 되었다.

내가 그의 어플을 눌러 준 것처럼
누가 와서 나의
굳어 버린 피, 땀 그리고 눈물 속 종을 울려 다오.
그에게로 가서 나도
그의 종을 울리고 싶다.

우리들은 모두
호모 커뮤니쿠스(homo communicus)가 되고 싶다.
망각하고 싶을 때 연민하고 놀고 싶을 때 놀이할 수 있는
니체의 어린아이가 되고 싶다."

– 「나답게-XI」 (2021년)

'향기'를 갖는 꽃으로 피어난다.

　카프카의 『변신』은 '벌레'로 깨어나고 도끼로 일어난다. '나'는, 낙타
~사자에서 다시 어린아이로의 변신을 위해, 존재하고 있는 그대로의 나
이다. 망치로 깨고 번갯불로 내리치는 니체. 아모르 파티(Amor Fati).

11장

내 마지막 숨을 결정할 권리

장윤미

"모든 생물체의 궁극적인 목적은 죽음이다.

죽음은 두려워하거나 당황할 필요가 없는 자연스러운 삶의 일부이다. 죽음은

대자연의 품으로 돌아가는 고귀한 사건이다."[1]

—이창재, 『프로이트와의 대화』 중

죽음이 두려운 이유

사람들은 죽는 게 두렵다고 하지만 진짜로 두려운 건 죽음이 가까이 왔음을 느끼도록 하는 것, 이를테면 늙는 것 또는 병드는 것일지도 모른다. 내 의지대로 신체를 움직일 수 없다는 것, 아프기 이전의 상태로 돌아갈 수 없다는 것은 정상적인 삶을 살 수 없다는 것이고, 곧 정상적인 (삶

---

1 이창재, 『프로이트와의 대화』, 민음사, 2004. 264쪽.

을 유지할 수 있는) 존재로 인정받을 수 없다는 것과 마찬가지기 때문이다. 어떻게 해서든 이 불쾌함과 공포에서 벗어날 수 있다면, 더 정확하게는 노화를 최대한 늦출 수 있다면 모든 수단과 방법을 동원하고 싶은 게 솔직한 심정이다.

죽음을 피하고 싶은 욕망은 태어난 이상 이룰 수 없어 더욱 간절한 욕망이다. 그런데 간절히 원하면 이루어진다는 말을 증명이라도 하듯, 비약적으로 발달한 의학 덕분에 건강한 신체 유지는 보장받을 수 없더라도 생명 연장만큼은 실현 가능해졌다. 물론 생명 연장술과 관련한 가치 평가는 유보하고 말이다.

공중위생 개념이 보편화 되면서, 예방의학이 발전하면서, 그리고 의학 기술이 발전하면서 인간의 삶과 죽음 사이의 거리는 과거에 비해 멀어진 것만큼은 분명하다. 여기에 자본주의 개념이 개입되고 자본의 능력에 따라 생명 연장 기간이 결정되면서 죽음은 능력과 조건에 따라 (가능한) '지연'시킬 수 있는 것으로 인식의 전환이 이루어졌다. 그러면서 죽음은 긍정에서 부정으로, 치료 불가에서 치료 가능한 것으로 개념이 이동하고, 이런 흐름은 점점 고착되면서 탄생(삶)은 깨끗함/아름다움/부유함으로, 죽음은 더러움/추함/가난함으로 이분화되었다. 인간의 한살이 과정에서 죽음의 영역은 최대한 축소하거나 지연해야 하는 대상, 싸워서 이겨야 하는 대상으로 인식의 전환이 이루어진 것이다. 예를 들어 질병이나 죽음에는 침입/방어의 뜻을 담고 있는 서술어들과 함께 사용되며(병균이 침투하다/질병을 예방하다/죽음을 물리치다) 삶과 죽음의 관계를 전쟁에 비유한다(투병 중이다/사투를 벌이다). 전쟁의 최종 목적은 승리다. 내 신체에 불법으로 침투한 질병과 싸워서 이겨 죽음으로부터 멀어지는 것이

유일한 목표이자 목적이 된 것이다. 하지만 유감스럽게도 대부분의 질병은 노화라는 거스를 수 없는 자연 현상과 연결된 것이라는 점에서 승리를 보장하는 건 불가능에 가깝다.

의학이 우리 삶에 깊숙이 개입하기 전까지, 병원이라는 곳이 죽음의 마지막 공간이 되기 전까지는 죽음을 선택하는 건 환자 자신이었고 죽음의 종결점은 내 집이었다. 더이상의 치료가 무의미하거나 병원에서 해줄 것이 없다고 판단되면 의사는 환자를 집으로 돌려보냈다. 하지만 환자를 포기했다는 뜻은 결코 아니다. 환자에게 삶을 정리하고 죽음을 준비할 시간을 주기 위한 최후책이었던 것이다. 비극적인 죽음 중 하나가 사랑하는 사람들과 이별의 과정을 거치지 못한 채 당하는 급작스러운 죽음이라면 적어도 환자는 그러한 슬픔을 겪지 않을 권리가 있다. 예고된 죽음이라면 말이다.

환자 가족 역시 의사의 판단과 선택이 어떤 뜻인지 이해했고 적어도 의사가 환자를 포기했다는 식의 오해는 지금보다는 적었다. 물론 환자에게 충격을 주지 않기 위해 환자 본인에게는 다가올 죽음을 숨기는 경우가 있긴 했지만, 죽음을 앞두고는 환자를 집으로 돌려보내 여생을 마감하도록 권유했다. 그렇게 집으로 돌아간 환자는 죽음이 얼마 남지 않은 삶을 정리하고 사랑하는 사람들과 마지막 인사를 해야 할 시간을 가졌고 죽음 이후의 절차와 애도는 오롯이 가족의 몫으로 돌아갔다.

그러다 핵가족화와 도시화가 급격하게 증가하고 가족에 의지했던 돌봄 노동에 자본이 개입하면서 임종의 장소로 자택이 아닌 병원이나 요양(병)원과 같은 의료 기관을 선택하는 현상은 보편화하였다. 이제는 집에서 임종을 맞는 것보다 의료 기관이나 요양기관에서 임종을 맞(이하)는 것이 환자와 가족 모두 익숙하고 또한 자연스러운 일이다. 물론 이러한 변화는 돌봄 노동을 가족으로부터 분리함으로써 돌봄을 책임져야 하는 대상이 느껴야 하는 물리적, 심리적 부담을 덜어주었다는 점에서는 긍정적 면을 가지고 있지만 동시에 우리 삶에서 죽음을 경험할 기회가 사라짐으로 하여 삶과 죽음 사이의 거리를 한층 더 멀어지게 만들었다는 점에서 좋다고 마냥 좋아할 수는 없다.

전문적, 효율적 치료라는 명분으로 의료 전문가들과 관련 기관에 죽음의 과정을 맡기고 또 의존함으로써 과거에 비해 죽음과 동반되는 물리적·심리적 부담으로부터 가벼워진 것은 분명하다. 하지만 그만큼 죽음을 경험할 기회가 적어지고 그에 따라 죽음에 대해 무지할 수밖에 없게 되는데, 문제는 이 죽음에 대한 무지가 죽음을 공포와 두려움의 영역으로 밀어 넣는다는 점이다. 죽음에 대한 공포나 두려움은 그 자체가 주는 절대적 두려움에서 비롯되는 것도 있겠지만 죽음(을 준비하는 것)에 대해 어떤 정보도 없고, 실체도 알지 못한다는 데서 오는 낯선 두려움이다. 그러니 삶에서 죽음이 멀어지면 질수록 두렵고 무서운 건 어쩌면 당연하다.

어찌 되었든 '의료 전문가'와 의료 기관은 '질병 치료와 회복'이라는 본래적 기능 외에 '생명 연장의 가능성'의 구현 기능이 추가되고, 죽음을 담당하게 되는 공공의 공간으로 그 의미가 확장되면서 죽음이 생의 마지막 과정이 아닌 이른바 '의료 처지 중단으로 인한 기술적 현상'으로 인식하도록 만들었다. 이제 환자의 삶과 죽음은 당사자 자신에게 달린 것이 아니라 의료 기계, 의료진(을 포함하는 기관), 그리고 보호자 혹은 가족의 선택에 달리게 되었다.

그런데 이 과정에서 딜레마가 발생하는데 어떤 선택을 하든 환자, 가

족, 의사가 모두 만족하는 선택은 존재하지 않는다는 것이다. 죽음을 앞
둔 당사자는 '죽기 전'까지는 절대 병원을 떠날 수 없는 처지가 되면서 '마
음껏' 죽음을 준비할 시간을 갖지 못한다. 예를 들어 생명을 연장한다는
이유로 삽관 장치라도 다는 순간부터 환자의 몸은 더는 자기 것이 아니게
된다. 이른바 마음대로 죽을 수도, 살 수도 없는 상황에 놓인 것이다. 보
호자나 가족 역시 선택할 수 있는 게 없다. 어떤 이유이건 치료를 포기하
는 것은 환자를 포기하는 것과 같다는 죄책감에 생명 연장 장치 개입을
거부하는 건 쉽지 않다. 하지만 감당할 수 없이 불어나는 병원비 앞에서
인륜이나 윤리를 강조하는 주변의 시선은 공염불에 불과하다. 의료진 역
시 생사를 결정하는 신이 아님에도 불구하고 의료인의 의무와 책임감, 그
리고 환자를 포기했다는 비난을 벗어날 수 없어 때로는 무의미한 연명 치
료를 지속해야 한다. 반대로 의료 시스템에 개입된 당사자란 이유로 죽음
을 선고해야 할 때도 있는데 이때 발생하는 심리적인 죄책감과 고통은 의
사라도 해도 당사자 가족보다 가볍다고 단언할 수 없다.

누구의 삶인가, 누구의 죽음인가

　의사이자 호스피스 전문의인 야마자키 후미오는 현대 의료 시스템이
질병의 치료와 치유라는 본래의 담당 업무 이외에 죽음을 결정하는 역할
까지 맡게 되면서 병원이라는 공간에 있는 동안 죽음을 피할 수 없는 상
황에서도 환자나 가족들이 희망을 버릴 수 없게 되었다고 지적한다.[2] 누
구도 환자에게 죽음이 다가왔다고 말하지 않으며, 그저 나빠지지 않고 있

다는 말만 되풀이할 뿐이다. 환자에게 불안을 주지 않으려는 방법이라고 생각할 수도 있지만, 환자에게 이러한 핑계가 얼마나 도움이 되는지는 증명할 수 없다고 말한다. 오히려 이러한 방식은 환자로 하여금 의료진이 자신을 기만하고 있다고 생각할 수도 있는데 시간이 흐를수록 상태가 나빠지고 있다는 걸 가장 잘 아는 사람은 바로 환자 자신이기 때문이다. 점점 나빠지고 있다고 느끼는 환자앞에서 나을 수 있다고 괜찮아지고 있다고 둘러대는 의료진이나 가족의 말은 역설적으로 환자가 죽음을 준비할 수 있는 시간을 그만큼 뺏는다는 점에서 긍정적이라고 말할 수 없다. 이러한 상황은 병원에 죽어가는 과정에서 환자의 대부분은 소외되고 고독해지는 경우가 많다는 후미오와 설명과도 일치한다. 의료진은 치료 방법을 선택하고, 그 선택은 가족에 의해 결정된다. 그리고 환자는 그 선택을 수용(당)하면 된다. 이 모든 과정을 겪은 후 최종적으로 환자가 죽고 나면 남은 가족과 의료진은 서로에게 그동안 '사투'를 벌이느라 고생했다며 감사와 위로의 인사를 주고받는다. 그런데 이 말에서 정말로 고생하고 사람이 누구인지, 죽음과 '사투'를 벌이다 죽게 된 사람이 누구인지 모호해지는 지점에 대해서 후미오는 지적한다. 죽음에 이르는 시간 동안 죽음과 대면하고 저항한 대상이 환자인지, 의료진인지, 그것도 아니면 가족인지 모호해지면서 겪는 혼란은 결코 특수한 경우가 아닌 것이다. 직접적이든 간접적이든 병원에서 죽음을 겪어본 사람이라면 누구나 동의할 수 있을 것이다. (후미오의 책 초판이 2011년도라 십 년이 지난 지금의 상황은 그때와는 좀 더 달라졌을 수도 있고, 일본의 의료 시스템을 설명한 것이니

---

2 야마자키 후미오, 『병원에서 죽는다는 것』, 잇북, 2020, 42~46쪽.

만큼 우리나라의 경우와 다른 지점이 있을 테지만 의료 기관에서 이루어지는 이 과정은 여전히 유효하다고 생각한다.)

이와 비슷한 맥락에서 한림대 류머티스 내과 교수인 김현아는 죽음은 예방할 수 있는 병도, 고쳐야 할 질병도 아닌 지극히 정상적인 과정임을 강조하는데 이른바 '죽음의 의료화'가 보편화하면서 죽음의 질은 오히려 과거보다 나빠졌다고 지적한다.[3] '죽음의 의료화'에는 죽음으로 가는 과정 곳곳마다 죽음을 방어하기 위한 의료 기기가 투입되는데 그 기기에 몸이 적응하도록 만들기 위해서는 불가피하게 신체에 약물을 투여하는 경우가 발생한다. 그러나 그것은 단순한 기계 투입이나 약물 투여를 의미하지 않는다. 이 과정은 환자 몸에서 자율성을 하나씩 제거해 나가는 과정이기도 하기 때문이다. 기기의 통제에 따르는 과정들이 늘어나면 늘어날수록 환자의 몸은 자기 의지에 따라 통제하거나 움직이는 것이 불가능해진다. 숨은 쉬지만 스스로 쉴 수 없고, 죽지 않았지만 그렇다고 살았다고도 할 수 없다. 의료 기술의 발달이 '장생'과 더불어 '불사'의 가능성에 초점이 맞춰지고 사망에 이르는 과정마다 의료 시스템과 의료진이 개입되면서 사망에 이르는 정상적인 신체의 변화 과정은 이제 비정상적으로 인식된다. 그리고 이 비정상을 정상으로 돌리는 것, 곧 죽음을 피하고 최대한 생명을 연장하는 것이 정상적인 것으로 이해되면서 죽음의 본질에 대해서 누구든지 공적 공간에서 말하거나 공론화할 수 없게 된 것이다.

죽음의 의료화 앞에서 딜레마에 빠지는 또 하나의 대상은 바로 죽음을 지켜봐야 하는 가족들이다. 환자 보호자나 가족이 연명 치료를 선택하

3 김현아, 『죽음을 배우는 시간』, 창비, 2020, 96쪽.

죽음을 배우는 —— 시간

병원에서 알려주지 않는 슬기롭게 죽는 법

"죽음을 준비하지 않으면
죽음보다 더 나쁜 일들이 일어납니다"
분쉬의학상 수상 의학자 김현아 교수가 알려주는 웰다잉

병원 시스템의 죽음을 서술한
『죽음을 배우는 시간』

는 이유에는 여러 가지가 있겠지만 사랑하는 사람을 떠나보내고 싶지 않은 간절함과 죽음을 방어하기 위해 최선을 다해야 후회하지 않을 것이라는 자기검열이 크다. 비약적으로 발전한 의학 앞에서 치료를 중단한다는 것은 생명 연장을 '중단'함으로써 환자를 '포기'하겠다는 의미를 내포하고 있다. 이러한 명제 앞에서 가족은 현실적인 문제를 생각해야 한다. 즉 환자의 객관적인 상태, 돌봄 여부, 치료비 등등 많은 것을 따지고 계산해야 하는 것이다. 무엇보다 치료 여부 앞에서 가장 크게 발목을 잡는 건 생명 연장 치료에 들어갔을 때 비용과 이후 돌봄의 문제일 것이다. 천문학적으로 늘어나는 치료 비용 앞에서 선택이 자유로울 수 있는 사람은 많지 않다. 게다가 환자의 돌봄까지 책임져야 하는 경우 경제활동을 할 수 없고, 경제활동을 할 수 없으면 치료비를 충당할 수 없다는 점에서 가족들의 이중고는 당면한 현실이다. 설사 이중고를 고려한다고 하더라도 가족은 의료 전문가가 아니기에 이 모든 것은 감내하고서도 전적으로 의사에게 기댈 수밖에 없다. 하지만 의사 역시 생명 연장 기술을 아는 사람으로서 결정에 도움을 주는 사람이지 죽음을 결정하는 사람은 아니다. 의사나 가족 모두 '최선'을 선택하겠지만 이보다 더 우선되어야 하는 것은 인간은 삶의 욕망만큼이나 죽음의 욕망도 동시에 가지고 있다는 것이며 이 욕망의 주체는 바로 환자라는 것을 상기할 필요가 있다.

죽음은 환자의 것이지만 그것은 선택하는 건 환자가 아니라는 데서 소외는 발생한다. 환자는 스스로 치료의 방법이나 지속 또는 중단 여부를 선택하지 않았기에 만약 가족이 치료 중단을 선택했을 경우 환자는 버림 받았다고 느낄 수 있으며[4] 반대로 원치 않는 치료를 지속하게 될 경우 환자는 남은 삶을 고통스럽게 보내야 한다. 말 그대로 죽을 수도 살 수도 없는 상태에 빠지는 것이다.

죽음에 대한 욕망은 삶에 대한 욕망만큼이나 강렬한 것이라고 했을 때 죽음이 두려운 건 죽음 그 자체보다 죽음으로 가는 과정이 두려운 것일지도 모른다. 그렇다면 환자에게 필요한 건 이 두려운 과정을 최소화, 최단화 하는 것이다. 이상적인 죽음이란 말 자체가 이상하긴 하지만 가장 이상적인 죽음이란 고통을 최소화한 죽음이라고 했을 때 환자를 지켜보는 사람이 가슴속에 새겨야 할 것은 포기, 중단, 죄책감, 슬픔 등 남겨진 자신의 감정보다 죽음을 앞둔 당사자의 존엄과 인간으로서의 마지막 권리일 것이다.

이러한 딜레마에 빠지지 않으려면 먼저 이 죽음은 누구의 죽음인지를 가장 먼저 생각해보아야 한다. 사랑하는 사람과 오랫동안 함께 하고 싶다는 간절함, 생명 연장 치료를 포기하는 것은 반윤리라는 검열이 환자의 고통을 가중하는 건 아닌지 고민할 필요가 있다. 이 질문에 대한 답을 찾는다면 적어도 생의 지속을 연명 치료, 죽음의 종착지를 병원으로 선택하지 않을지도 모른다.

4 이와 관해서는 김승섭의 『우리 몸이 세계라면』(동아시아, 2019)의 『죽음의 한가운데 있는 삶』에 보다 자세히 나와 있다.

인간의 죽음은 탄생만큼이나 존중해야 하고 또 존중받아야 한다. 피할 수 없는 죽음이라면, 그리고 스스로 죽음을 다가오고 있음을 감지한다면 자기의 죽음을 받아들이는 방식에 대해서만큼은 적어도 자기 결정권을 주장할 권리가 있다. 또한 가족이나 주변 사람들 역시 그 권리를 존중해주어야 한다. 배우자란 이유로, 부모나 자식이란 이유로, 또는 보호자란 이름으로 '지금' 최선을 다해야 '나중에' 원망도 후회하지 않는다는 이유로 의료 시스템에 의지하며 생명 연장 치료를 선택하는 것이 옳은 결정이라고 확실하게 말할 수 없다.

영국에서 완화 치료 전문가인 캐서린 매닉스는 자신의 책 『내일 아침에는 눈을 뜰 수 없겠지만』(사계절, 2020)에서 죽음을 맞이하는 당사자는 배제된 채 병원에서 연명 치료에 기대다 결국 삶의 마지막을 마무리 짓는 것이 죽음 보편적 과정이 되어버린 것에 유감을 표한다. 그녀는 개인의 삶의 질을 판단할 수 있는 것은 오직 당사자뿐임을 강조한다. 사람들은 병에 걸린 사람은 그 삶의 무게를 감당하기 어려울 것이라 생각하기 쉽지만, 오히려 신체적 한계를 오래 사는 대가로 받아들이는 경우가 훨씬 많으며, 실제로 병보다 견디기 어려운 건 외로움이라고 말한다. 하지만 현대 사회는 정작 중요한 것은 외면하고 죽음을 치료의 대상으로 삼아 병원에서 치료받다가 죽는 것을 일종의 의무이자 권리라고 생각하는데 이것은 현대 의학을 오해하게 만드는 것 중에 하나라고 지적하고 있다.

가장 자연스러운 죽음

환자는 생명 연장을 꿈꾸는 의학 기술 앞에서, 죽음이 돈벌이의 수단이 되는 비극적인 현실 앞에서 평화롭고 존엄하게 죽음을 준비하려는 자신을 내버려 두지 않는 힘 앞에서 공포 좌절을 동시에 느낀다. 반대로 보호자와 가족은 환자를 병원에 밀어 넣는 그 시점부터 죽음에 이르는 동안 환자를 끝까지 지키지 못했다는 죄책감과 비난 앞에서 공포를 느낀다. 마음대로 죽음을 선택할 수도, 그렇다고 원하는 대로 죽도록 내버려 둘 수 없다는 딜레마가 죽음을 더욱 어렵게 한다. 그러나 진짜 중요한 건 이 죽음의 주체가 누구인지 환기해야 하고 나의 죽음이기에 죽음의 방식을 선택할 권리는 일차적으로 환자 자신에 있다는 것을 잊으면 안 된다.

우리는 죽음에 이르는 과정을 알아야 할 필요가 있다. 하지만 지금처럼 '죽음의 의료화'에 기대는 방식으로는 그 과정을 알 길이 없다. 의료화의 궁극적 목적은 완치, 치료이지만 죽음 앞에서 이러한 목적은 무의미하기 때문이다. 죽음 앞에서 의료 개입이라고 한다면 환자의 고통, 공포, 두려움의 최소화하는 것 정도다. 하지만 우리는 삶과 죽음 사이에 의료 개입을 지나칠 만큼 많이 그리고 길게 개입하려고 노력하는 것, 또 그 선택이 올바른 선택이라고 믿는다. 하지만 대상의 거리가 멀어지면 멀수록 거기에 개입되는 감정 역시 옅어지고 작아진다. 어떤 일이든 감정이 개입하게 되면 에너지를 소진하고 시간을 지연하게 마련인데 특별한 감정을 느낄 수 없도록 하는 것, 애도의 과정을 충분히 거치지 못하게 하는 것. 단절과 소외가 가진 치명적 단점은 바로 이것이다.

죽음을 앞둔 사람, 그리고 사랑하는 사람의 죽음을 지켜봐야 하는 사람들의 공통적인 바람은 고통 없는 죽음일 테다. 사랑하는 사람을 떠나야 하는 사람의 진짜 고통이 무엇인지 외면하지 않을 때 죽음을 맞이하는 사람도, 죽음을 지켜봐야 하는 사람도 편할 할 수 있다. 또 하나 연명 치료를 선택하지 않은 사람들에게, 그리고 그 선택을 존중하는 가족들에게 향해 '반륜', '패륜'이라는 프레임을 씌우는 것 역시 결코 마땅치 않다. 사랑하는 사람의 마지막 소원이 내 옆에서 조용히 존엄하게 마지막 숨을 쉬고 싶다는 말을 듣고도 내 맘대로 그 사람의 생사를 결정하는 것이야말로 어쩌면 그것이야말로 가장 '비인간적'일지도 모를 일이다.

"분명한 건 인간은 자신이 원하는 방식으로
죽고 싶은 욕구를 지닌다는 것이다."[5]

5 이창재, 앞의 책, 265쪽.

12장

사랑 앞에서, 사랑과 함께, 그러나 사랑 없이

안치용

사랑은 삶의 대표적 사건이다. 사랑에는 일상성과 경이가 함께 자리한다. 누구나 사랑하고, 누구나 사랑에 실패한다. 유행가에서 흔히 운위되듯 사랑이란 게 때로 지겹다. 실제 사랑에 뛰어 들어갔는지, 혹은 뛰어 들어갈 수 있는지와 무관하게 사랑은 인간 삶의 본질을 구성한다. 본질이라는 말이 과하다면, 이념이든 현실이든 사랑 없는 삶을 상상할 수 없다고 주장하자. 히틀러에 의해 처형된 독일의 저명한 신학자 디트리히 본회퍼의 "하나님 앞에서, 하나님과 함께, 하나님 없이"라는 말에 빗대어, 우리 인간은 사랑 앞에서, 사랑과 함께, 그러나 사랑 없이 살아가는 존재라고 말할 수 있다. 또한, 신은 사랑일 수밖에 없다는 직관에 기대어 인간 존재의 어떤 부분은 사랑에 의해서, 혹은 사랑에 의해서만 해명할 수 있기에 사랑의 형이상학은 우리 삶을 비추는 데 필수불가결하다. 문학에서 사랑을 다루는 이유이겠다.

아버지의 이름으로, 죽음의 이름으로

일반적으로 러시아의 3대 문호하면 반드시 들어가는 사람인 이반 세르게이비치 투르게네프(1818~1883)의 소설 『첫사랑』(1860년)은 '첫사랑' 하면 첫 손에 꼽히는 작품이다. 블라디미르 페트로비치라는 어린 소년이 연상의 옆집 소녀 지나이다를 (짝)사랑하며 사랑과 인생의 의미를 '조금은' 알게 된다는 성장소설이다. 이 소설에는 '자전적'이란 수식어가 붙는데, 소설 속 아버지와 어머니가 실제 투르게네프의 부모와 유사하다. 특히 기병대에 근무한 투르게네프의 아버지는 소설 『첫사랑』 속으로 말을 타고 걸어 들어가 블라디미르 페트로비치의 아버지가 되었다고 해도 좋을 정도다.

『첫사랑』의 첫사랑은 거의 모든 첫사랑이 그러하듯 '통념상' 실패한 사랑이다. 또한 첫사랑이 흔히 그러하듯 '넘사벽'의 강력한 연적에게 패퇴하는 구조를 취한다. 『첫사랑』을 평한 어느 글에서 "(영화에서만 있는 게 아니라) 소설에도 '스포'가 있기에 이 연적이 누구인지를 밝힐 수가 없다"고 한 것을 봤다. 그러나 필자가 논의를 전개하기 위해선 '스포'를 감행하지 않을 수 없음을 양해하기 바란다. 이미 널어놓은 이야기에서 짐작할 수 있듯이 그 연적은 블라디미르의 아버지다.

내용을 단순화하면 부자가 한 여자를 두고 경합한 것이지만, 그런 외형상의 곤란에도 불구하고 부자의 정애(情愛)는 훼손되지 않는다. 흥미롭게도 패배자라고 할 아들은 끝까지 아버지에 대한 사랑과 존경을 거두지 않는다. 이 소설을 분석하는 데에 정신분석학을 애호하는 비평가들이 많은 이유이지 싶다.

소설 속의 모종의 삼각관계는 '아버지의 이름으로' 해소되고 승화한다. 아들의 실패한 사랑은 아버지의 성공한 사랑을 통해 구제받는다. 여기서 실패와 성공이란 도식적인 표현이 전형적인 분열을 의미하지는 않는다. 그럴 수밖에 없는 게 (실패·성공이란 용어가 적절해 보이지 않지만) 실패하는 사람과 성공하는 사람이 한 사람이 아니라 각각 다른 사람이다. 그러나 또 한편으론 분열이 아니라고 하기 힘든 것이, 아들은 아버지를 동일시한다. 아버지는 아들에게서 잔존한다. 따라서 한 사람이 아니지만, 각각 다른 사람은 아니라고도 말할 수 있다.

분열이기도 하고 분열이 아니기도 한 이 분열은 화해 불가능하고 봉합 불가능한 분열이 아니라, 합일을 가능케 하는 분열이기에, 주체의 분열 등과 같은 표현에서 나타나는 본원적 불화가 아니다. 오히려 가능태와 현실태로 세계 안의 사랑에 동시에, 둘이지만 하나로 참여한다고 할 수 있다. 아버지는 아들 자아의 주형틀로, 아들이 아버지로 대체되기 전까지 아들에게 선험적 우위를 가지며 정체성의 전범이 된다.

아들의 사랑은 사랑이 아니지만, 아버지의 사랑을 통해 사랑이 된다. 아들이 불완전한 자신을 통해서 구현됐을 사랑은, 미숙하고 남루하고 실망스러운 것이었을 테다. 그리하여 그 사랑에도 불구하고 존재의 심연에서 공명되지 않아 존재의 결여 혹은 좌절에 봉착하게 될 터였지만, 성숙하고 완성된 남자인 아버지를 통해 정립된 진정한 사랑으로 낭패가 예방된다.

투르게네프의 이 소설에서 첫사랑은 사랑 자체를 해명한다기보다는 존재의 정당성을 입증하기 위해 동원된다. 원형의 신화인 오이디푸스 이야기에서 나타난 부친살해와 근친상간에 따른 '아버지 자리'의 탈취는, 『첫사랑』에서 질료와 형상의 합일이란 방식으로 계승되면서 전복된다. 전복은 전면적 전복이라기보다는 관점의 전복이라고 할 수 있기에 고전주의 사랑의 이상은 유지된다.

고전주의 정조는 투르게네프와 함께 러시아를 대표하는 문호로 꼽히는 레프 톨스토이(1828~1910)의 소설 『안나 카레니나』(1877년)에서도 발견된다. 『첫사랑』이 사랑보다는 존재에 방점이 찍혔다면, 『안나 카레니나』는 그 반대다. 이 두 소설뿐 아니라 거의 모든 좋은 소설은 사랑과 존재를 다룬다. 시쳇말로 존재 없는 사랑은 맹목이고, 사랑 없는 존재는 공허하다. 여기 펼쳐지는 논의를 위해 두 소설에다 각기 다른 쪽에 방점을 찍었을 뿐이다.

소설 속 안나는 사랑의 주체로 그려진다. 누군가 "이 소설을 요약하면 불륜"이라고 말하기에 나는 "아니다. 이 소설을 요약하면 사랑"이라고 말한 기억이 난다. 내 반박 앞에 수식어를 붙이면 "전 존재를 건"이고, 더 붙이면 "인습과 사회통념에 저항하며"이다. 즉 안나는 인습과 사회통념에 저항하며 전 존재를 건 사랑을 결행한 인물이 된다.

안나는 근대적 사랑의 주체다. 소설에서 그는 사랑 말고는 무고한 여인으로 그려진다. 안나의 존재에서 사랑만이 유일한 흠결이다. 톨스토이는 『안나 카레니나』의 죽음을 수미상관으로 표현함으로써, 예감을 사건으로 완성한다. 이런 사건의 완성은 그리스 비극의 구조를 떠올리게 한다. 무고하고 고결한 인물이 신탁에 의해 자신의 의도나 의지가 개입되지 않은 잘못을 저지르거나 죄를 짓고 추락하는 것이 그리스 비극에서 목격되는 주인공의 전형이라면, 안나는 상대적인 차이가 있을지는 모르지만, 마찬가지로 무고하고 고결한 인물로서 그리스 비극과는 반대로 자신의 의지에 따라 죄를 짓는다. 안나의 '주체적' 죄는 사랑이다. "죄의 삯은 사망"

이지만, 안나에게 죽음은 주어지지 않고 획득된다. 죽음도 말하자면 '주체적'이다.

톨스토이의 『안나 카레니나』에서 고전주의 비극은 반복되지만, 근대적 정신으로 변주된다. 운명에 의해 좌초하는 것이 아니라 자발적 선택 혹은 자발적 의지, 즉 주체적 행위로 죽음을 맞는다. 사랑 말고는 무고한 여인인 안나는, 따라서 이런 자아의 결단에 따른 자아의 포기로 한 점 흠 없이 무결한 인물이 된다. 버림으로써 완전해지는 이 구조에서 핵심은 안나가 운명에 쫓겨 다니는 대신 운명적 사랑을 지키기 위해 스스로 죽음이라는 행위를 감행했다는 데 있다. 여기서 행위가 중요하지 죽음은 부차적이다.

〈쿠르베와 행복한 시간〉, 1986 – 알랭 플레셔

소설에서 잘 드러나듯 안나의 자살에는 필연성이 엿보이지 않는다. 예감과 확인이란, 필연성에서 벗어난 궤적에서 타협을 거부한 사랑의 주체를 목격한다. 높은 사회적 지위와 적당한 공존의 쾌락을 지키는, 그런 타협 노선은 안나 같은 사랑의 주체에겐 애초에 선택지에 들어있지 않았다. 사랑에 눈먼 것 말고는 죄가 없던 안나는 죽음으로 죗값을 넘치도록 지불하면서 동시에 타협 없이 완전한 사랑을 천명했다.

사랑의 운명은 믿지만, 삶의 운명은 거부한 안나는 그리하여 완벽한 고전주의자가 되고 최고의 낭만주의자가 된다.

욕망을 욕망하다

미국 '로스트 제너레이션' 작가 프랜시스 스콧 피츠제럴드(1896~1940)의 소설 『위대한 개츠비』(1925)를 논할 때 많은 사람이 무엇보다 "개츠비의 위대함은 어디에 있는가?"를 묻곤 한다. '위대한 개츠비'의 '위대한'은 반어일 수도, 역설일 수도 있어 이런저런 많은 논평을 가능케 하리라. 이 자리에서는 '개츠비가 과연 위대했는가?'보다 그가 소설 속 주인공 데이지를 과연 사랑했는가를 따져보고자 한다.

개츠비가 밤중에 자신의 집에서 바다 건너편 데이지 집을 바라보는 장면은 이 소설을 대표하는 애잔한 장면의 하나로 꼽힐 텐데, 뉴욕 외곽 웨스트에그의 어둠 속에서 불빛만 명멸하는 맞은편 해변 이스트에그 쪽을 바라보는 그 시선에 담긴 것이 과연 사랑이었을까. 사람들이 개츠비의 감정을 무엇으로든 설명할 수 있겠지만, 피츠제럴드가 개츠비에서 그려낸 것이 투르게네프(『첫사랑』)나 톨스토이(『안나 카레니나』)가 그려낸 것과는 분명 달랐다고 말할 수는 있겠다.

가난해서 잃어버린 사랑을, 부유함으로 되찾으려고 한 개츠비의 방식에는 당시의 시대정신이 반영됐다. 수단이 목적을 정당화하는 자본주의, 그것도 천민적 자본주의 방식이 깔려있다. 자본주의의 본질은 탐욕이며 그것은 무한증식욕구로 발현된다. 자본주의의 주체인 자본은 만족을 모르고 항상 굶주려 있으며, 항상 더 많은 것을 욕망한다. 자본이 욕망하는 대상은 자본 자신이다. 주체가 대상이고 대상이 주체다.

천민자본주의 정신을 체화한 졸부 개츠비에게 사랑은 욕망이다. 물론 사랑과 욕망은 혼용되고 혼용될 수밖에 없지만, 또는 사랑과 욕망은 상호 배태(胚胎)한다고 추측할 수 있지만, 개츠비에게 사랑은 그저 욕망의 형태를 취할 따름이다. 개츠비는 사랑으로 상대에 몰입하기보다는 자본이 그러하듯, 상대를 쟁취하겠다는 자신의 욕망에 몰입한다. 욕망을 욕망함으로써, 활활 타오르는 불 속으로 질주하는 부나비처럼 타죽는다. 상대를 향한 욕망을 자신의 욕망을 향한 욕망이 대체하면서 사랑은 공허(空虛)가 된다. 연쇄적으로, 사랑의 주체 또한 허무에 내몰리면서 사랑의 대상과 주체 모두 표류하게 된다. 그렇다고 주체가 유실됐다고까지는 말할 수 없다.

자본이 자본을 욕망함으로써 자본주의가 성립한다고 할 때 개츠비같이 철두철미하게(어쩌면 불가피하게?) 자본주의적인 인간은 다름 아닌 사랑의 이름으로, 욕망하는 주체를 욕망의 되먹임 회로 속에 몰아넣고, 점차 허무로 잦아드는 주체는 어느 순간 주체임 자체를 잊어버려 원귀(鬼) 같은 욕망의 가상 주체로 남겨지게 된다.

'로스트 제너레이션'을 설명하는 방법론은 여러 가지가 있겠지만, 그들이 '잃어버린 것'과 관련해 여기서는 무구한 개인, 고전주의적인 혹은 이상적인 사랑, 그리고 결행하는 주체(의 전범)를 상실했다고 설명할 수 있겠다. '로스트(Lost)'를 달았음에도 '로스트 제너레이션'은 일반적으로 잃어버린 사람들이 갖게 되는 모종의 달관과는 무관하다. 반대로 그들에 겐 불안이란 낙인이 주어진다.

『위대한 개츠비』가 다루는 시기는 1922년이고, 발표된 해는 1925년 이다. 제1차 세계대전이 끝나고 평화와 번영을 누리고 있었지만, 그것이 표면적이고 일시적인 현상임을 당대인이 널리 짐작한 시기였다. 이런 국 제정세와 함께 당시의 자본주의가, (요구되는 만큼은 아니지만) 어느 정 도 관리·통제되는 현재와 같은 자본주의 단계에 아직 진입하지 못해, 팽 창과 폭발의 사이클을 반복하고 있었다는 사실을 주목할 필요가 있다. 정 치와 경제 모두 언제 터질지 모르는 폭탄을 안고 있었다. 자본주의 양식 에 흠뻑 젖어 살았지만, 사회주의라는 대안이 강력하게 체제를 위협했고, 전쟁과 공황의 폭탄이 언제라도 터질 태세였는데, 역사에서 보듯 두 가지 모두 '로스트 제너레이션'을 곧 엄습했다.

개츠비의 느닷없고 황망한 죽음은 당시의 시대상황과 너무 잘 조응 한다. 그렇다고 그 조응만으로 개츠비를 시대상황에 매몰된 역사의 패잔 병으로 규정할 수 없다. 그는 그의 시대를 넘어선 인물이라고 할 수 있는 데, 그것은 죽음을 통해서 일부 드러나지만 대체로 그의 삶을 통해서 표 명된다. 이 자리에서 언급하지 않은 개츠비의 위대함은 차고 넘칠 듯이 많다. 분명 개츠비는 위대했다고 단언할 수 있지만, 문제라고 해야 할까, 그의 사랑은 전혀 위대하지 않았다. 역설이지만 위대하지 않은 그의 사랑 마저 개츠비를 위대하게 만드는 데 일조하는지도 모르겠다. 사랑이란 착 시를 불러일으키고 남을 그의 행위를 무엇이라고 불러야 할지 모르겠지 만 어쨌든 그는 사랑 언저리를 집요하게 맴돌았고, 독자로 하여금 그의 슬픈 존재를 맴돌게 만든다.

이탈리아 작가 알베르토 모라비아(1907~1990)의 소설 『경멸』(1954년)은 『위대한 개츠비』와 마찬가지로 남녀와 '사랑'을 다룬다. 한눈에 보이는 가장 큰 차이는 『위대한 개츠비』에서 남자 주인공이 죽은 반면 『경멸』에서는 여자 주인공이 죽었다는 점이다. 장 뤽 고다르가 이 소설을 같은 제목('경멸')으로 영화화한 것에서는 조금 결말이 다르다.

두 작품 모두에서 자본주의가 기본 배경으로 깔리지만 작동하는 방식은 다르다. 사실 20세기 문학과 예술은 사회주의권의 일부 작품을 제외하고는 어떤 식으로든 자본주의를 포함한다. 『위대한 개츠비』의 자본주의는 본원적 배경이고 개츠비의 삶을 총체적으로 지배한다. 『경멸』에서는 자본주의가 소품처럼 배치되는데, 배치가 그물처럼 촘촘하지만, 효율적인 배치 탓인지 혹은 촘촘함 때문인지 『위대한 개츠비』의 자본주의에서 우러나는 것과 같은 압박감을 주지는 않는다. 자본주의가 전편을 음울하게 압도하는 『위대한 개츠비』와 달리 『경멸』에서는 자본주의적 장식이 전편을 효과적으로 장악한다. 자본주의가 DNA에까지 각인된 요즘 사람들은, 자본주의를 다루는 태도가 시끌벅적한 『위대한 개츠비』보다 전면적이지만 차분한 『경멸』을 더 익숙하게 받아들일 것이다. 예컨대 『경멸』에서 노정된 자본력에 따른 남성성의 위계가 자연스러워서, 독자가 별다른 이물감을 느끼진 않을 법하다.

중요한 사항은 아니지만 두 작품에서 등장하는 주인공 남녀 간의 신분 층하(層下)의 방향이 다르다. 『위대한 개츠비』에서는 여자 주인공 데이지의 신분이 더 높지만, 『경멸』에서는 남자 주인공 리카르도 몰티니가 상대적으로 더 높다고 할 수 있다. 앞서 살펴본 톨스토이와 투르게네프의 작품에서는 주인공 남녀 간에 층하가 발견되지 않는다. 러시아적 한계, 19세기적 한계, 고전주의적 한계, 무엇이라고 해도 무방하지만 분명한 사실은 20세기에 들어서는 그런 한계들이 종적을 감춘다는 점이다.

성장배경과 취향이 상이한 사람들이 만나서 사랑하게 된 것은 현대의 일상적 풍경이다. 이제 사랑할 대상을 신분에 의거해 사전에 스크린하는 일은 사라진다. 안나의 상대역 브론스키는 안나와 같은 계급에 속한다. 안나가 속물적으로 그런 인물을 찾았다기보다는 안나가 사랑할 사람으로 자연스럽게 브론스키를 만났다고 보아야 한다. 물론 이것 또한 스크리닝이지만 이런 스크리닝은 개인적인 노력이 아니라 사회적인 설정이다. 자본주의와 민주주의가 결합한 현대사회는, 그 속에서 살아가는 현대인(또는 근대인)에게 공식적으로 또한 대체로 사회적 스크리닝을 철폐했다. 따라서 톨스토이가 20세기 작가여서 나중에 『안나 카레니나』를 썼다면 상대역으로 브론스키가 아닌 다른 인물이 등장했을 가능성이 더 크다.

개인에게 태생적으로 주어지는 '사회적 스크리닝' 폐지 이후의 연인들은, 사랑에서 형식논리상 만인 대 만인의 투쟁(또는 도모) 상태로 돌입한다. 현대사회에서도 '사회적 스크리닝'과 유사한, 말하자면 '범위'라는 것이 온존하긴 하지만, 태생에 의거한 영역 구분이 사라지면서 사랑에서 이제 연인들은 사랑으로만 사랑을 식별하게 된다. 사랑이 명실상부하게 사랑의 최종심급으로 자리한 시대가 처음으로 열린 것이다. 사랑을 설명할 수 있는 더 이상의 개념이나 말은 존재하지 않게 된다. 사랑은 사랑이어서 사랑이다.

이제 운명적인 조우를 대체해 기적적인 호명이 사랑을 시작하게 한다. 호명이 상호승낙으로 이어지면 두 사람은 대화 테이블에 앉게 된다.

그러나 남과 여 사이에는 원활한 대화가 작동하지 않는다. 성애에 기초한 사랑의 욕망은 두 사람을 대화의 테이블로 끌어들여 두 사람을 대화하게 만들지만, 그러나 호르몬의 유통기한 때문이든 애초에 주어진 대화불능 때문이든, 테이블에 앉은 지 얼마 지나지 않아 불현듯 두 사람은 그동안 대화가 전혀 이뤄지지 않았고, 이뤄지지 않고 있으며, 앞으로도 이뤄지지 않을 것임을 지각한다. 이런 수순은 본래 예정돼 있었다.

사랑의 욕망은 서로 대화가 불가능한 사람들을 대화 테이블에 앉게 만들고 서로 끊임없이 말걸기를 시도하게 만든다. 그 대화의 실상은 대화가 아니라 일방에서 다른 일방으로, 또 반대편 일방에서 다른 일방으로 말을 건 것에 불과했다. 들을 귀가 없어서 듣지 않고, 혹은 들리지 않아서 듣지 못하고, 내 말로만 즉 발화로만 말을 거는 상태를 대화라고 부르지 않는다. 문득 대화불능을 깨달은 한쪽이 일어나 테이블을 떠나면서 대화는, 더 정확히는 서로의 말걸기는 종료된다. 사랑이 끝난다. 『경멸』에서 일어난 사건이다.

"날 사랑한다던 그녀가, 이제는 경멸한다고 말했다"는 마음 아픈 대사는 새삼스럽지 않다. 사랑으로 마주 선 두 남녀에게 대화불능이 선재(先在)했기에 사실 진실을 직시했다면 '경멸'이 불가피했음을 알 수 있었을 것이다. 그러나 두 사람은 말걸기를 대화라고 우기면서, 즉 경멸을 애써 외면하며 테이블에 남아 있으려고 애를 쓴다. 간극을 메우고 어긋남을 봉합하며 튕겨나감을 유예한다. 그런 유예의 애씀이 부질없지만 무가치하지는 않다. 부질없는 무엇인가를 무가치하지 않게 끊임없이 시도하는 것이야말로 '진짜' 사랑일지도 모르기 때문이다.

'경멸한다'는 선언은 마치 상대방에게 말하는 것처럼 보이지만 실제로는 대화불능을 인식했다는 자기선언이다. 기적이라고 명명하길 좋아하는 억지스러운 우연에서, 우리가 호명하고 호명되고, 상호호명을 통해 대화 테이블에 앉지만, 그 테이블에 앉게 하는 힘은, 사랑을 시작하게 하는 힘은 최종 소급하면 호르몬 즉 해부학(또는 생물학)일 수밖에 없다. 대화가 불가능한 사람들이 해부학의 도움으로 대화 테이블에 앉아 끊임없이 말걸기를, 그것도 어긋나기만 하는 일방적 말걸기를 시도하는 까닭은 경멸한다는 말을 내뱉지 않기 위해서다. 해부학의 도움이 사라진 이후에 경멸을 선언하지 않으려고 한다면, 그때부터 말걸기는 독백으로 바뀐다. 테이블에 같이 앉아 있되 대화나 말걸기를 하는 대신 함께, 그리고 외면하며 독백을 읊조린다. 대화 테이블은 서로가 서로에게 철저하게 소외됐음을 확인하는 장소가 된다. 상대는 물화한다. 흔히 우리가 "벽보고 이야기한다"고 할 때, 이 단계에 도달했음을 암묵적으로 시인한다고 할 수 있다.

사물화·물화·소외

일본의 노벨상 수상작가 가와바타 야스나리(1899~1972년)의 『잠자는 미녀』(1961년)는 페미니즘과 관련해 예민한 요즘 한국 사회의 분위기를 감안할 때 충분히 '여성혐오'적 작품으로 읽힐 수 있다. 실제로 주변에서 비슷한 반응을 목격했다. 개인적으로도 '여성혐오'로 읽힐 법한 내용이 들어있다고 판단한다.

그러나 『잠자는 미녀』가 '여성혐오'의 불편함 너머에서 보편적 인간 존재의 해명을 담고 있다는 사실 또한 분명해 보인다. 이 소설을 요약하면 늙은 남자의 욕망을 통한 인간 실존의 탐색이다. 늙은 남자의 욕망을 왜곡의 프리즘으로 들여다보기에 독자가 불편해할 수 있다. 그러나 이것 또한 인간탐험의 유효한 한 방법임을 인정해야 한다. 인간탐험의 경로는 무궁무진하고, 각자가 모두 유효하며 그것들을 모아서 활용할 때 보다 나은 인간해명에 다가설 수 있다.

『잠자는 미녀』의 탐색은 예상보다 복잡하다. 『첫사랑』과 마찬가지로 정신분석학 진영에서 좋아할 텍스트다. 또한 『첫사랑』보다 해부학 용어가 더 많이 등장한다는 측면에서 프로이트나 라캉의 제자들이 관심을 가질 만한 소설이다.

발표연대(1961년)를 보면, 앞서 언급한 대로 이 소설이 어떤 식으로든 자본주의를 '포함'해야 하지만 자본주의는 부유한 노인들을 위한 특별한 매매춘 세트장을 만드는 데만 동원되고 나머지는 초역사적이라고 해도 좋을 전개다.

잠깐 『경멸』의 주인공 젊은 남자 리카르도와 『잠자는 미녀』의 에구치 노인을 비교해 보자. 『경멸』에는 해부학 용어가 등장하지 않지만, 아내에게 끊임없이 욕정을 느끼는, 그러나 욕정을 풀지 못하는 젊은 남자인 남편 리카르도의 신체에서 욕정의 연상작용으로 발기를 상상한다고 해도 부자연스럽지는 않다. 발기한 음경은 남성성의 단적 표현이며, 관점에 따라서는 남녀가 관여하는 사랑의 중요한 원천이다. 리카르도라는 젊은 남자의 음경이 발기를 강력하게 주장하지만 외면당하는 모습이 어쩐지 웹툰의 한 장면 같다.

작가 가와바타 야스나리는 『잠자는 미녀』의 주인공 에구치를 '노인'으로 못 박고 소설을 끌어간다. 소설이 설정한, 에구치처럼 늙고 부유한 노인을 상대로 한 특별한 매매춘 세트장에서는 잠이 들어 무슨 짓을 해도 절대 깨지 않는 젊은 여자와의 하룻밤 동침을 구매자인 노인에게 제공한다. 여자는 내내 잠들어 있다. 그는 자신이 누구와 함께 어떤 상황에 노출되며 하룻밤을 지냈는지, 물리적 흔적이 남지 않는 한 결코 알 수 없다.

이 특별한 장소에 입장이 허용되는 사람은 남자 노인이다. 이런 자격 제한은 '잠자는 미녀'와 동침할 남자가, 남성이되 발기불능이어야 한다는 기이한 조합을 의도한다. 『경멸』의 리카르도처럼 발기할 수 있는 것으로 간주되는 젊은 남자는 이곳에 입장할 수 없다. 임포 노인을 위한 매매춘이란 형용모순은, 이곳에 에구치가 입장하면서 중첩된다. 에구치 노인은 발기불능으로 간주돼 입장할 수 있었지만, 실제로는 남성성을 발휘할 수 있는 상태였기 때문이다.

남성성의 영역에서 발기는 정상이고, 임포는 비정상으로 간주된다. 한데 에구치 노인의 발기는 비정상으로 취급받는다. 비(非)남성성과 매매춘을 결합한, 발기불능 남성의 기이한 섹스 매매는, 이곳에서는 아무튼 정상이다. 이곳에 정상적으로 입장할 수 있는 에구치는 호시탐탐 비정상적 행위인 삽입을 노린다. 그러나 문제없는 발기에도 불구하고 삽입은 계속 지연된다. 이때 문 앞에서의 망설임은 자신의 남성성에 대한 판단혼란으로 해석될 수도 있고 나아가 판단하는 주체의 분열로도 받아들여질 수 있다.

부여된 정체성을 극복하고 자신의 신체적 정체성에 복종해 돌진하려는 순간, 또 하나의 어이없는 상황이 빚어진다. 자신이 삽입을 시도하는 대상인 '잠자는 미녀'가 처녀라는 확신이 느닷없이 또 근거없이 들면서다. 음경은 결합이란 조화성과 관통이란 공격성을 동시에 갖는다. 후자의 성향이 우선하게 되면 처녀성은 음경을 더욱 자극한다고 가정할 수 있는데, 에구치 노인과 관련해 이 소설에서 계속해서 표명된 정조를 감안할 때 처녀성 앞에서 위축된 노인의 발기한 남성은 곤혹스러움을 야기한다.

이 장면에서 처녀라는 판정이 어떻게 가능한지는 중요하지 않다. 실제 처녀이든 아니든 에구치 노인이 처녀라고 판정을 내렸다는 사실이 중요하다. 에구치 노인의 후퇴는 해부학적 발기가 정신적 임포에 굴복했음을 뜻한다. 발기하지만 임포라는, 병리학이나 생물학 용어로 설명할 수 있는 상태. 결국, 발기가능이란 에구치 노인의 자부심은 무용한 것이 돼 이 장소에 입장한 다른 노인들과 다름이 없어진다.

에구치 노인이 해부학적 발기를 잠재우고 정신적 임포를 불러내기 위해 '처녀 판정'을 내렸을 수도 있다. 인간을 사용해 섹스로봇을 만들었다는 관점에서 이 소설에서 표현된 물화는 정점에 도달한다. 인간이 로봇보다 로봇스러울 수 있는 예외적 상황을 만들어내는 데 성공한 것이다. 성욕을 매개로 인간의 본질을 꽈배기처럼 꼬아버린 이 소설이 그려내는 존재의 디스토피아가 범상치 않다. 남근 집착과 남근 무용을 동일한 것으로 만들어버림으로써 남근화한 늙은 남자는 바닥을 짐작할 수 없을 정도로 깊은 소외와 비교를 불허하는 물화에 빠져든다.

에구치는 대화불능의 상대와 대화 테이블에 앉아서 대화를 시도하거나 말걸기를 하고 있지 않다. 대화 테이블에 앉은 에구치의 맞은편에는 에구치와 다른 언어를 쓰는 미녀가 잠들어 있다. 에구치는 끊임없이 혼잣말하고 대화 테이블의 맞은편에 앉아 있는 잠자는 미녀는 가끔 에구치가 알아듣지 못하는 외국어로 잠꼬대를 한다. 그러다가 잠자는 미녀는 대화 테이블을 떠날 것이고, 누구와 그곳에 앉아 있었는지 기억조차 못 할 것이다. 에구치 입장에서는 그럼에도 그 테이블에 앉아 있는 것이 테이블 밖에 있는 것보다 좋을까.

사랑은 아마도 존재를 풍성하게 만들 것이다. 어떤 상황에서도 그렇다고 할 수 있다. 하지만 사랑에는 '소외(Entfremdung)'와 '사물화(Verdinglichung)'가 본원적 부수물로 생성되기에 각각 실존을 위협하는 황폐화와 (주체의) 행위 불능을 초래할 위험을 내포한다. 사랑을 포기하지 않으면서도 사랑의 위험을 회피하는 길은, 결국 유대와 인간화라는 고전주의 이상에 귀의하는 것 말고는 없다.

높은 이상이 우리에게 사랑을 복원해 줄 수 있을까. 혹은 유대와 인간화라는 고전주의 이상이 우리에게 사랑을 복원해 줄 수 있다면, '소외'와 '사물화'를 넘어서 실존을 위협하는 황폐화와 (주체의) 행위 불능을 완전히 탈각할 수 있을까. 답은 모른다. 그러나 어떤 상황이 빚어지든 사랑이 포기될 수 없다는 사실은 결코 부인되지 않는다. 사랑에 빠지는 일은 비정상적이고 예외적인 사건이지만, 그 비정상을 비정상으로 받아들이는 사람은 없지 않은가.

| 출처 |

제1부 차별과 배제를 넘어

1장 '상상력의 총체' 문화계가 품고 있는 해묵은 잣대,
     피부색과 성별

　이 글은 《르몽드 디플로마티크》에 게재된 「커리어우먼의 꿈, 그리고 현실」(2020. 12. 31), 「지속되는 차별, 그리고 인식의 답보」(2021. 9. 13)을 일부 발췌했다.

2장 정상가족이라는 상상공동체

　이 글은 《르몽드 디플로마티크》 2021년 7월호에 게재된 「정상가족은 없다」를 일부 수정·보완한 것이다.

3장 로맨스 드라마의 관습을 경유하는 비혼

　이 글은 《르몽드 디플로마티크》의 <르몽드 문화톡톡> 섹션에 게재된 「로맨스 드라마의 관습을 경유하는 비혼」 (2021.7.5)을 일부 수정한 것이다.

4장 당신은 '어떤' 집에서 살고 있나요?

　이 글은 《르몽드 디플로마티크》 2021년 8월호에 게재된 「당신은 '어떤' 집에서 살고 있나요?」를 일부 수정·보완한 것이다.

5장 우리는 모두 조금씩 이상하다
　: <물고기로 죽기>와 다름의 상상력

　이 글은 《르몽드 디플로마티크》의 <르몽드 문화톡톡> 섹션에 게재된 「다르지 않다, 그러나 평등하지 않다」(2021.5.17)와 「다양성 안에서 헤엄치기: <물고기로 죽기>」(2021.7.27)를 수정·보완한 것이다.

6장 새로운 미래 선언: 어떤 세대가 정상이었는가

　이 글은 《르몽드 디플로마티크》의 <르몽드 문화톡톡> 섹션에 게재된 「로큰롤의 시대와 제4차 산업혁명의 시대」(2019. 9. 2)를 대폭 수정한 것이다.

제2부 경계와 빗금을 응시하는

7장 특별한 존재 되기: 다양한 (비)장애 그림책을 통한 다른 시선

이 글은 《르몽드 디플로마티크》의 <르몽드 문화톡톡> 섹션에 게재된 「시적인 언어의 힘 : 『나는 강물처럼 말해요』」(2021. 9. 6)를 수정한 것이다.

8장 우리의 성장은 정상에서 벗어나는 일

이 글은 《르몽드 디플로마티크》의 <르몽드 문화톡톡> 섹션에 게재된 「우리가 사랑을 하는 모든 방식들」(2021.02.08)을 수정한 것이다.

9장 복수의 다층성과 정상/비정상의 경계 가로지르기
    : 영화 <나이팅게일>

이 글은 필자가 쓴 논문(서곡숙, 「복수의 다층성과 사적 복수의 정당성: 영화 <나이팅게일>을 중심으로」, 『영화연구』 88호, 2021, 431~458쪽)을 수정·보완한 것이다.

10장 꽃-패러디 그리고 변주

이 글은 《르몽드 디플로마티크》의 <르몽드 문화톡톡> 섹션에 게재된 「꽃-패러디 그리고 변주」(2021.06.07)를 수정한 것이다.

11장 내 마지막 숨을 결정할 권리

이 글은 《르몽드 디플로마티크》의 <르몽드 문화톡톡> 섹션에 게재된 「내 마지막 숨을 결정할 권리」(2020. 8. 3)의 원고를 수정·보완한 것이다.

문화, 정상은 없다

초판 1쇄 발행	2022년 1월 10일
지은이	류수연, 서곡숙, 이병국 외
펴낸이	성일권
펴낸곳	(주)르몽드코리아
편집부	최승은, 김유라
디자인	조예리
인쇄·제작	(주)디프넷
펴낸곳	(주)르몽드코리아
주소	서울특별시 마포구 양화대로 1길 83 석우 1층
출판등록	2009. 09. 제2014-000119
홈페이지	www.ilemonde.com
SNS	https://www.facebook.com/ilemondekorea
전자우편	info@ilemonde.com
ISBN	979-11-86596-89-0

이 도서의 국립중앙도서관 출판예정도서목록(CIP)은
서지정보유통지원시스템 홈페이지 (http://seoji.nl.go.kr) 와
국가자료공동목록시스템 (http://www.nl.go.kr/kolisnet) 에서 이용하실 수 있습니다.